edition suhrkamp 2705

Im Unterschied zu Marx' *Das Kapital* liegt in diesem Buch das Hauptaugenmerk nicht auf den Produktionsverhältnissen, also Arbeit und Kapital, sondern auf dem System der Bedürfnisse. Es wird gezeigt, dass der fortgeschrittene Kapitalismus, um weiter wachsen zu können, auf Begehrnisse setzen muss, nämlich solche Bedürfnisse, die gesteigert werden, wenn man ihnen entspricht. Es sind Bedürfnisse nach Lebenssteigerung, Ausstattung, Gesehen-Werden. Das führt zu einer Neubewertung der Ware: Während Marx Gebrauchswert und Tauschwert unterschied, so wird der Tauschwert, die Attraktivität der Ware auf dem Markt, zum neuen Gebrauchswert: Er dient der Inszenierung des Lebens, von Personen und ihres Lifestyles, von Firmen, Institutionen, Städten, der Politik.

Gernot Böhme, geboren 1937, ist Professor em. für Philosophie an der TU Darmstadt. In der edition suhrkamp erschien zuletzt eine erweiterte Auflage seines Klassikers *Atmosphäre. Essays zur neuen Ästhetik* (es 2664).

Gernot Böhme

Ästhetischer Kapitalismus

Suhrkamp

edition suhrkamp 2705
Erste Auflage 2016
Originalausgabe

Satz: Satz-Offizin Hümmer GmbH, Waldbüttelbrunn
Druck: Druckhaus Nomos, Sinzheim
Umschlag gestaltet nach einem Konzept von Willy Fleckhaus: Rolf Staudt
Printed in Germany
ISBN 978-3-518-12705-6

Inhalt

Einleitung 7

1. Zur Kritik der ästhetischen Ökonomie 25

2. Kritik des Wachstums 47

3. Das Leistungsprinzip und das Reich der Freiheit . . 63

4. Der Geschmack des Gewöhnlichen. Über Distinktionsschicksale im Zeitalter der ästhetischen Ökonomie 77

5. Fortschritte der Warenästhetik 105

6. Flanieren in der Shoppingmall. Das Nordwestzentrum in Frankfurt 119

7. Putz und Camouflage. Über Architektur und Fassadenästhetik 133

Drucknachweise 153

Bildnachweise 155

Register 157

Einleitung

0. *Zugangsweisen zur Ökonomie*

Da das Wirtschaftsleben der Gesellschaft ein äußerst komplexes Gebilde ist, wird man nie das Ganze in den Blick bekommen oder vielmehr: das Ganze jeweils nur unter einem bestimmten Aspekt. Auch was uns als Folge von Wirtschaftstheorien vorliegt, unterscheidet sich keineswegs lediglich nach Zeitgeist und historischen Rahmenbedingungen, sondern ebenso durch einen jeweils besonderen Zugang zur Ökonomie. So ist etwa der Merkantilismus nicht bloß eine Theorie des Wirtschaftens im Rahmen absolutistischer Verhältnisse, sondern er ist zu charakterisieren durch das besondere Interesse an der Staatsfinanzierung, also einer Finanzierung des Beamtentums, des Militärs, der Hofhaltung und der repräsentativen Bauten der Krone. Wegen der ihm eigenen Sicht auf das Ökonomische ist der Merkantilismus nicht einfach historisch überholt. Unter veränderten Bedingungen lebt er in der Nationalökonomie und in der Volkswirtschaftslehre weiter.

Besonders interessant sind in der Gegenwart die unterschiedlichen Zugangsweisen, durch die sich zwei Bücher mit dem Titel *Das Kapital* unterscheiden, nämlich das von Karl Marx und das von Thomas Piketty.[1] Marx betrachtet die kapitalistische Wirtschaft unter dem Gesichtspunkt der Produktionsverhältnisse, kurz: von Arbeit und Kapital. Der Ka-

1 Thomas Piketty, *Das Kapital im 21. Jahrhundert*, München: C. H. Beck 2014.

pitalist besitzt die Produktionsmittel, der Arbeiter hingegen nur seine Arbeitsfähigkeit, die er auf dem Arbeitsmarkt dem Kapitalisten verkauft. Aus dieser Perspektive betrachtet, treten die Lebensbedingungen des Arbeiters in den Vordergrund, insofern er auf die Reproduktion seiner Arbeitskraft reduziert ist – und andererseits die Machtverhältnisse, insofern die Arbeiterschaft für ihre Reproduktion auf den Kapitalisten als den Besitzer der Produktionsmittel angewiesen ist.

Von alldem ist bei Piketty nicht die Rede, so dass man ihn ganz zu Unrecht zum Marx für unser Jahrhundert erklärt hat. Piketty ist nicht einmal primär an der Tatsache interessiert, dass sich durch Kapitalbesitz ein unverhältnismäßig höheres Einkommen erzielen lässt als durch Erwerbsarbeit. Das war nicht nur den Lesern der Zeitschrift *Humane Wirtschaft* schon seit Jahren bekannt. Sein Hauptaugenmerk ist vielmehr auf die extreme Disparität der Eigentumsverhältnisse gerichtet. Er fürchtet – das kann man zumindest zwischen den Zeilen lesen –, dass diese Disparität, verbunden mit der hohen Staatsverschuldung, unsere Staatsverfassung, also die Demokratie, gefährden könnte. Denn die Gläubiger der Staaten sind nicht eigentlich die Banken, sondern die hinter diesen stehenden privaten Kapitaleigner, genauer besehen – wegen der ungeheuren Konzentration des privaten Kapitals – sogar nur einige wenige. Um die Macht der Kapitaleigner einzuschränken, empfiehlt Piketty allerdings nicht Gewaltanwendung, sondern eine Regulation des Kapitals durch Steuerpolitik. Lediglich beiläufig, fast nur als Zahlen in seinen Statistiken weist er auf die Gesundung der kapitalistischen Verhältnisse durch die Kapitalvernichtung in den Weltkriegen hin.

Unser Zugang zur Ökonomie bzw. zur kapitalistischen Wirtschaft ist einer Tradition verpflichtet, die das kapitalistische Wirtschaftssystem vonseiten des Konsums betrachtet, also einer Tradition, für die die Namen Veblen, Sombart, Bataille und Baudrillard stehen. Für diese Autoren tritt der Konsum in den Vordergrund, insofern er nicht wie bei Marx der zur Reproduktion der Arbeitskraft notwendige Konsum ist, sondern Luxus und Verschwendung. Dabei wird der Luxuskonsum – etwa der höfischen Gesellschaft im Barockzeitalter – manchmal geradezu als Ursprung der kapitalistischen Wirtschaftsweise gesehen, so bei Werner Sombart in seinem Buch *Liebe, Luxus und Kapitalismus*.[2] Tatsächlich war ja die massenhafte Spiegelproduktion der Ursprung der Großmanufakturen, d. h. der Vorläufer der Fabrikproduktion. Andere Theoretiker, Bataille, um nur einen zu nennen, begreifen Verschwendung als notwendiges Korrektiv zur Kapitalakkumulation, also als »produktive Kapitalvernichtung«, ähnlich dem Krieg. Uns interessiert für die gegenwärtige Phase der kapitalistischen Entwicklung der Surplus-Konsum durchaus unter beiden Gesichtspunkten, nach denen man unsere Periode auch als ein neues Barock ansehen könnte. Man wird den Surplus-Konsum heute selten »Luxus« oder »Verschwendung« nennen, weil er nicht mehr an bestimmte Privilegien gebunden und auf bestimmte Klassen beschränkt, sondern als allgemeines Lebensniveau selbstverständlich geworden ist. Ähnlich wie in den genannten älteren Theorien kommt ihm jedoch gerade wegen dieser Allgemeinheit eine kapitalismusstabilisierende Funktion zu. Das bedeutet aber, dass das kapitalistische Wirtschaftssystem in der gegenwärtigen Phase durch den Surplus-Konsum wesentlich geprägt wird. Dabei

2 Werner Sombart, *Liebe, Luxus und Kapitalismus. Über die Entstehung der modernen Welt aus dem Geist der Verschwendung*, Berlin: Klaus Wagenbach 1992 [1912].

interessiert uns aufseiten der Produktion die Veränderung des Warencharakters und aufseiten der Konsumenten die korrelierte Veränderung der Bedürfnisstruktur.

I. Das System der Bedürfnisse

Es ist Hegel,[3] der in seiner *Rechtsphilosophie* das System der Bedürfnisse als Ursprung der ökonomischen Verhältnisse in der bürgerlichen Gesellschaft ausmacht. Dabei rechnet er quasi als einem Anthropologikum, also als einer Eigenschaft, die den Menschen vom Tier unterscheidet, von vorneherein mit der »Vervielfältigung« und »Verfeinerung« der Bedürfnisse.[4] Marx sollte später von den »erweiterten« Bedürfnissen sprechen. Die Bedürfnisse der einzelnen Menschen werden zu einem System durch ihre Befriedigung auf der Basis von Arbeit – wir müssen hinzufügen: also durch Arbeitsteilung und Markt. Die Steigerung der Bedürfnisse als Erweiterung und Verfeinerung sehen Hegel und Marx gleichsam noch als natürlich, als zur Natur des Menschen gehörend an. In diesem Sinne ist die Befriedigung dieser Bedürfnisse, also der entsprechende Konsum Teil der Reproduktion des Menschen – freilich auf einem höheren Niveau. So betrachtet, kann man sagen, dass die Ausweitung der Produktion dieser Anhebung des Konsumniveaus folgt. Uns interessiert hier dagegen das Umgekehrte, dass nämlich eine Veränderung der Bedürfnisstruktur als solcher stattfindet, und zwar durch den Wandel

3 Georg Wilhelm Friedrich Hegel, *Grundlinien der Philosophie des Rechts. Mit Hegels eigenhändigen Randbemerkungen in seinem Handexemplar der Rechtsphilosophie*, herausgegeben von Johannes Hoffmeister, Hamburg: Felix Meiner 1955, 4. Aufl.

4 Ebd., § 190f.

von Bedürfnissen in Begehrnisse, und dass der fortgeschrittene Kapitalismus unserer Zeit auf diesen Wandel der Bedürfnisstruktur angewiesen ist, soll er sein Wesen als Wachstumsökonomie beibehalten.

Begehrnisse sind letztlich nicht zu befriedigen, allenfalls zur Ruhe zu bringen, weil sie, wenn man ihnen entspricht, gerade gesteigert werden. Das ist, um an das bisher Gesagte anzuknüpfen, das Bedürfnis nach Verschwendung und Luxus. Man darf die Bedeutung dieser Formen des Surplus-Konsums nicht unterschätzen. Wenn der ökonomische Bereich nach Marx als das Reich der Notwendigkeit angesehen wird, so sind Luxus und Verschwendung als Konsumformen die paradoxe Überschreitung der Notwendigkeit, sprich die Befreiung von ökonomischen Mitteln, also pekuniären Grenzen. Deshalb sind Luxus und Verschwendung in den traditionellen Theorien auch teils auf bestimmte Klassen, teils auf bestimmte Zeiten eingeschränkt. Das ändert sich durch die Transformation von Bedürfnissen in Begehrnisse. Der Surplus-Konsum ist dann keine Überschreitung des Reichs der Notwendigkeit mehr und schon gar nicht der Übergang in das Reich der Freiheit. Vielmehr entspricht der Mensch, indem er Begehrnisse entwickelt, genau den Notwendigkeiten des kapitalistischen Wirtschaftssystems. Es ist also nicht mehr so, dass die Wirtschaft ein Instrument zur Befriedigung der menschlichen Bedürfnisse darstellt. Eher verhält es sich umgekehrt: Der Mensch transformiert sein System der Bedürfnisse, um den Anforderungen kapitalistischer Entwicklung, d. h. eines immer weiter fortschreitenden Wachstums zu entsprechen. Wenn die Wirtschaft auf Begehrnisse statt auf Bedürfnisse setzt, dient sie nicht – wie das noch nach der Marx'schen Analyse der Fall war – primär der Reproduktion, also der Fortsetzung des Lebens, sondern seiner Steigerung. Um schon vorwegzunehmen, an welche wirtschaftsrelevanten Begehrnisse zu denken ist, seien folgende genannt:

- das Bedürfnis nach Ausstattung des Lebens
- das Bedürfnis, gesehen und gehört zu werden
- das Bedürfnis nach Ruhm
- das Bedürfnis nach Mobilität.

II. Kapitalakkumulation und Konsum

Nach Marx' Analyse der kapitalistischen Wirtschaftsweise ist diese zentral durch den Begriff des *Mehrwerts* zu charakterisieren. Er besagt, dass der Arbeiter durch seine Arbeit mehr produziert, als er durch seine Entlohnung erhält. Zwar müssen wir für unsere heutigen Verhältnisse nicht mehr davon ausgehen, dass der Lohn für die Arbeit nur gerade noch für die Subsistenz des Arbeiters und seiner Familie ausreicht, aber wir können doch sagen: für dessen oder deren Reproduktion auf dem aktuellen Lebensniveau. Den Mehrwert eignet sich der Kapitalist an. Diesen Prozess bezeichnet Marx als Ausbeutung.

Nun spielt der private Konsum des Kapitalisten bei der Nutzung des Mehrwerts keine entscheidende Rolle. Einerseits ist das wegen der Größenordnung der Fall, andererseits und insbesondere aber, weil es der kapitalistischen Wirtschaftsweise entspricht, den Mehrwert in seinem Hauptteil zu reinvestieren. Das ist der Ursprung der Kapitalakkumulation im kapitalistischen Produktionszusammenhang. Durch diese Akkumulation ist es dem Kapitalisten bzw. seinem Betrieb möglich, Modernisierungen vorzunehmen, die Produktion auszuweiten und vor allem die Produktivität – und damit natürlich auch den künftigen Mehrwert – zu steigern, indem neue Technologien eingeführt werden. Hier haben wir die Wurzel des für die kapitalistische Wirtschaftsweise notwendigen Wachstums. Dieses Wachstum ist zum einen notwendig, um im Konkurrenzkampf zwischen den Unternehmen in einem Produktionsfeld zu reüssieren, zum anderen aber auch, um nach einer gewissen Zeit, häufig schon Jahr für Jahr, die Löhne der Arbeiter zu erhöhen – und damit zugleich ihre Forderung nach Gerechtigkeit und Umverteilung zu befriedigen.

Entscheidend ist jedoch, dass der Mehrwert für den so geschilderten Wachstumsprozess auch *realisiert* werden muss; er muss als Profit monetär zu Buche schlagen. Dafür muss allerdings das Produkt der Produktion als Ware auf dem Markt erscheinen und verkauft werden. Dadurch kommt für den kapitalistischen Wirtschaftsprozess die Rolle des Konsumenten ins Spiel. Es hat eine ganze Weile gedauert, bis die kapitalistischen Unternehmer, die ja in den Frühphasen des industriellen Kapitalismus weitgehend für die höheren Klassen produziert haben, die ihr Geld aus anderen Quellen als dem Lohn bezogen (Grundbesitz, Kapitalrente, Handel), begriffen, dass sie über die Lohnerhöhungen auch die Kaufkraft der arbeitenden Bevölkerung erweiterten. Der *Massenkonsum* wurde tendenziell zur Basis der Realisierung des Profits durch den Verkauf der Waren. Ja, es lohnte sich, das allgemeine Lebensniveau derart zu heben, dass Surplus-Konsum für jedermann, d.h. massenhaft, selbstverständlich werden konnte. Also: Über den Profit speist der Konsum das Wirtschaftswachstum. Daher auch die Leitlinie unserer Wirtschaftspolitik, die dogmatisch dem Wirtschaftswachstum verschrieben ist: Es kommt darauf an, die Binnennachfrage zu steigern. Die Mittel dafür sind erstens Kaufanreize, exemplarisch dafür ist die sogenannte Abwrackprämie, und zweitens die Versteuerung von Einkünften aus Kapitalerträgen. Letztere bedeutet für den Durchschnittsbürger, also denjenigen, der nicht über ein größeres Kapital verfügt, dass sich das Sparen nicht mehr lohnt. Wenn die Einkünfte aus Kapitalerträgen besteuert werden und die Zinsen niedrig sind, dann liegen die Zuwächse für das Gesparte unter der Inflationsrate. Man hat also mehr davon, sein Geld auszugeben, als es auf die »hohe Kante zu legen«.

Das Wirtschaftswachstum und damit auch die Kapitalakkumulation sind auf den Konsum und die Konsumsteigerung angewiesen. Letzteres muss noch einmal betont werden, weil nur allzu leicht der Eindruck entsteht, das Kapital wachse »von selbst«, nämlich durch »Zinsen«. Doch das, wodurch das Kapital eigentlich wächst, nämlich die Kapitalrendite, muss erwirtschaftet werden. Kapital muss angelegt werden, um Rendite abzuwerfen. Auch hier gilt es, den Schein abzuwehren, als könne das Kapital allein durch die Gewinne von Geschäften auf dem Finanzmarkt, etwa durch Währungsspekulationen, vermehrt werden. Wie andere Formen des Profits muss auch der so erzielte seine Quelle letzten Endes in der Wirtschaft qua Produktionszusammenhang haben. Es bleibt also dabei: Der Ursprung des Wachstums ist der durch Arbeit erzeugte Mehrwert, und dieser muss über den Konsum als Profit realisiert werden.

Das ist der Grund, weshalb es sich lohnt, das kapitalistische Wirtschaftssystem vom Aspekt des Konsums her zu analysieren. Das rückt die Rolle des Konsumenten in den Vordergrund und führt letztlich zum System der Bedürfnisse zurück. Dann zeigt sich, dass der entfaltete Kapitalismus nur noch dann Wachstum generieren kann, wenn der Konsum im Wesentlichen Surplus-Konsum ist: Das System der Bedürfnisse muss so transformiert werden, dass die Wirtschaft nur noch zu einem kleinen Teil die elementaren Bedürfnisse befriedigt, zum größten Teil aber den Begehrnissen *entspricht* und sie damit zugleich steigert.

Dieser Satz bedarf einiger Erläuterungen: Der Ausdruck »fortgeschrittener Kapitalismus« bezeichnet die Durchkapitalisierung des Lebens, also jene Phase der Entwicklung, in der die Ausweitung der Versorgung der Bevölkerung durch Wirtschaft und Handel im Großen und Ganzen abgeschlossen ist. Es folgte dann die Ökonomisierung jener Tätigkeiten des innerfamiliären Raums, die einmal der Reproduktion des Lebens dienten, als da sind: Kochen, Kinderbetreuung, Freizeitgestaltung, Unterhaltung. Diese Bereiche sind inzwischen durch die Unterhaltungsindustrie, durch Fast Food und Convenience Food, durch Touristik und professionelle Kinderbetreuung ökonomisch erfasst worden, so dass aus ihnen gegenwärtig kein weiteres Wirtschaftswachstum zu generieren ist. Für weiteres, friedliches Wachstum, d. h. ein Wachstum, das nicht durch Aufrüstung und Krieg angetrieben wird, bleibt einzig der Konsum zur Lebenssteigerung, nicht der zur Lebenserhaltung. Dieser besteht jedoch in der Ausstattung des Lebens, im Sehen und Gesehen-Werden, im Hören und Gehört-Werden und in der Steigerung der Mobilität, der physischen einerseits und der virtuellen andererseits. Das bedeutet aber, will man weiteres Wirtschaftswachstum, so muss man bei den Konsumenten auf die Begehrnisse setzen bzw. umgekehrt: Der Konsument entspricht der Notwendigkeit kapitalistischen Wirtschaftswachstums, indem er seinen Begehrnissen frönt; denn über diesen Parameter ist Wachstum unbegrenzt. Wenn man Begehrnissen entspricht, so steigert man sie.

Ich habe die Phase des Kapitalismus, in der wir uns befinden, mithin die Phase nach der Entfaltung des Kapitalismus durch die Ökonomisierung des privaten Bereichs, den *ästhe-*

tischen Kapitalismus genannt. Diese Namensgebung resultiert daraus, dass in dieser Phase ein weiteres Wirtschaftswachstum nur durch die Steigerung des Lebens möglich ist, durch Ausstattung und Produktion von Mitteln der Inszenierung, also durch die Herstellung ästhetischer Werte.

III. Volkswirtschaft, Betriebswirtschaft, Hauswirtschaft

Wir sind es gewohnt, das Wirtschaftssystem weitgehend aus der Perspektive der Volks- sowie der Betriebswirtschaft zu betrachten und zu theoretisieren. Dabei sind diesen Betrachtungsweisen durch die Globalisierung inzwischen Schranken gesetzt worden, schon wegen der Existenz transnationaler Wirtschaftseinheiten wie der EU oder dem Euroraum, wegen der ungeheuren Bedeutung des Welthandels, der internationalen Konzerne und schließlich auch wegen der Internationalität der Finanzmärkte. Hier hätte man von Weltwirtschaft zu sprechen, wenngleich diese als akademisches Fach noch nicht recht etabliert ist – selbst Piketty denkt weiterhin in nationalen Kategorien. Was aber durchweg vernachlässigt wird, benenne ich hier mit dem altmodischen Ausdruck »Hauswirtschaft«, weil er den aus dem Griechischen stammenden Begriff *oikonomika* übersetzt und weil die ersten Schriften zur Ökonomie, nämlich die Xenophons und die Aristoteles zugeschriebenen Bücher solche über »Hauswirtschaft« sind.[5]

5 Zu Xenophon s. Gerd Audring, *Oikonomika: Quellen zur Wirtschaftstheorie der griechischen Antike*, Darmstadt: Wissenschaftliche Buchgesellschaft 2008. Zu Aristoteles s. Aristoteles, *Oikonomika. Schriften zur Hauswirtschaft und Finanzwesen*, übersetzt u. erläutert von Renate Zoepffel, Berlin: Akademie Verlag 2006.

Oikonomika bedeutet so viel wie die Ordnung oder die Regeln des Hauses. Wenn man damit historisch die Wurzel ökonomischen Denkens in der Analyse der Hauswirtschaft suchen muss, so ist allerdings zu berücksichtigen, dass in der Antike das *Haus* immer zugleich auch eine Art Betrieb war, also mit Landwirtschaft und auch handwerklicher Herstellung. Das Haus war folglich ein Wirtschaftsbetrieb im *privaten* Bereich, aber d. h. vor allem: noch nicht markt- und geldvermittelt. Der private Bereich ist zwar nach wie vor der Ort der Reproduktion des Lebens, er erreicht das Interesse der Ökonomie als Wissenschaft jedoch eher nur als Randbedingung, nämlich als Verbraucher oder Konsument. Wie es im Inneren dieses Bereichs aussieht, interessiert den Ökonomen im Allgemeinen nicht, nur im Fall der *Privatinsolvenz* sind ökonomische und rechtliche Maßnahmen vorgesehen. Dass sich solche Fälle häufen, hängt allerdings mit dem schon Gesagten zusammen, nämlich dem Überwiegen von Surplus-Konsum und dem Anheizen der Kaufbereitschaft durch Ratenzahlung und Kredite.

Doch über das System der Bedürfnisse war uns das Private bereits als ein wichtiger Faktor des Wirtschaftssystems ins Bewusstsein gerückt worden. Aufgrund der Entleerung des *Hauses* von produktiver Arbeit bzw. der Verlagerung dessen, was ursprünglich Hausarbeit war, in den öffentlich-ökonomischen Bereich, müssten die *oikonomika* im ursprünglichen Sinne reformuliert werden als der Umgang des Einzelnen, der Familie oder der Lebensgemeinschaft mit dem System der Bedürfnisse. Wie geht der Einzelne bzw. wie geht man in einer Lebensgemeinschaft mit den Bedürfnissen um, wie werden sie entwickelt, wie werden sie gezügelt und insbesondere: Wie geht man mit der Transformation von Bedürfnissen in Begehrnisse, wie sie der gegenwärtige Kapitalismus verlangt, um?

Damit nähern wir uns einer Betrachtungsweise, wie sie Michel Foucault im Rückblick auf antike und spätantike Praktiken unter dem Titel *Der Gebrauch der Lüste* beschrieben hat.[6] Das ist nur eine Anregung, insofern bei Foucault eine Art Ökonomie der Bedürfnisse, wie sie in der Antike praktiziert wurde, vorgeführt wird. Einen direkten Gebrauch von Foucaults Werk können wir für unsere Zwecke jedoch nicht machen, weil er sich ganz auf Sexualität konzentriert und hier, den antiken Texten folgend, den Umgang mit den *Lüsten* vor allem unter dem Gesichtspunkt des Maßhaltens sieht. Freilich macht er, wohl die Möglichkeiten der französischen Sprache nutzend, einen Unterschied zwischen *besoin* und *désir*, einen Unterschied, der sich nach seinen Autoren auf das Sich-Regen eines sexualen Triebes und das Verlangen nach einem Sexualobjekt bezieht. Er betrachtet also noch nicht die Differenz, die für uns hier wichtig ist, nämlich die zwischen einem Bedürfnis im engeren Sinne, das befriedigt werden kann, und dem Begehrnis, das gesteigert wird, indem man ihm entspricht. Aber vielleicht greift diese Unterscheidung im Bereich des Sexuellen nicht. Vielleicht kann das sexuelle Bedürfnis im Prinzip wirklich befriedigt werden. Freilich gibt es wohl auch hier so etwas wie Sucht.[7]

Mit Foucault oder nicht – es ist für den einzelnen Menschen wie für Lebensgemeinschaften notwendig, so etwas wie eine Ökonomie der Bedürfnisse zu entwickeln und zu praktizieren. Man kann sich in der Ausbildung der eigenen Bedürfnis-

6 Michel Foucault, *Sexualität und Wahrheit*, Bd. 2: *Der Gebrauch der Lüste*, Frankfurt/M.: Suhrkamp 1986.

7 Es ist übrigens interessant, dass es in Foucaults Buch ein Kapitel mit dem Titel »Ökonomik« gibt, in dem er hauptsächlich die »Verwaltung« der Sexualität in der Ehe bespricht.

struktur wie in seinem Befriedigungsverhalten nicht einfach dem Zeitgeist, der gegenwärtigen Mentalität und letzten Endes der kapitalistisch organisierten Arbeits- und Konsumumwelt überlassen. Daraus ergibt sich in Bezug auf Kinder und Jugendliche ein schwieriges pädagogisches Problem, weil hier ein kritisches Verhältnis zur eigenen Umwelt und insbesondere zur Peergroup eingeübt werden muss, während die kritische und distanzierende Haltung von Jugendlichen – mit ihrer Peergroup – sich ja gerade gegen die ältere Generation richtet. Dieses Problem ist im Bereich des Suchtverhaltens, zu dem heute neben den klassischen Formen wie Alkohol-, Nikotin-, Medikamenten- und Drogensucht auch die Spiel- und die Internetsucht gehören, bereits bekannt.[8] Zwar sind die Phänomene, die uns interessieren, in vielem dem Suchtverhalten analog, sie sind aber in der Regel nicht als pathologisch zu bezeichnen, weil sie quasi das normale Verhalten in unserer Konsumgesellschaft darstellen.

Die Tatsachen, die uns veranlassen, eine Ökonomie der Bedürfnisse auszubilden, liegen im Bereich des *Normalen*: Es handelt sich um das *Unbehagen im Wohlstand*, d. h. die Tatsache, dass auf unserem, mit früheren Zeiten verglichen und im Weltmaßstab gesehen sehr hohen Lebensniveau praktisch niemand zufrieden ist und sich mit dem Erreichten zu begnügen bereit wäre. Es ist, als hätten alle wie Faust mit dem Teufel die Wette abgeschlossen:

8 Siehe dazu den von der Drogenbeauftragten der Bundesregierung herausgegebenen *Drogen- und Suchtbericht 2014*, online verfügbar unter: {http://www.drogenbeauftragte.de/fileadmin/dateien-dba/Presse/Downloads/Drogen-_und_Suchtbericht_2014_Gesamt_WEB_07.pdf} (Stand Januar 2016).

Werd ich zum Augenblicke sagen:
Verweile doch! du bist so schön!
Dann magst du mich in Fesseln schlagen,
Dann werd ich gern zu Grunde gehn![9]

»Unbehagen im Wohlstand« bedeutet, dass jede Ausstattung des Lebens unter der Perspektive möglicher Erweiterung und Verbesserung steht, dass jede Ausrüstung mit Geräten, gemessen am neuesten Stand der Technologie, schon veraltet ist, dass jeder Urlaub noch ausgedehnt und zu ferneren Zielen führen könnte, dass jeder gesellschaftliche Status, jede öffentliche Sichtbarkeit noch steigerungsfähig ist.

Als zweiten Punkt jenes Unbehagens im Wohlstand ist die allgemeine Unzufriedenheit mit unserem Gesundheitssystem zu nennen. Zwar ist dieses System, wenn man es nach den Gesichtspunkten medizinischer Wissenschaft und Technologie und auch in Bezug auf die allgemeine Krankenversicherung beurteilt, sicher Weltspitze. Und doch fühlt sich der Einzelne in diesem System unterversorgt und nicht hinreichend betreut. Die Pflege von Kranken, Behinderten und Alten erfolgt unter Zeitdruck und den Zwängen der sogenannten Kostenspirale. Am deutlichsten aktualisiert wird dieses Problem unter dem Stichwort des Pflegenotstands.[10] Trotz sicher hinreichender medizinisch-technischer Versorgung fehlt es an der menschlichen Zuwendung, die es dem Einzelnen ermöglichen würde, Krank-Sein und Alt-Werden als beruhigte Lebensphase zu leben.

9 Goethe, *Faust. Der Tragödie Erster Teil*, in: *Faust. Texte*, Frankfurt/M.: Deutscher Klassiker Verlag 1994, S. 76 (1699-1702).
10 Siehe dazu Gernot Böhme (Hg.), *Pflegenotstand: Der humane Rest*, Bielefeld: Aisthesis 2013.

Dieser Notstand hat sicher auch mit den ökonomischen Bedingungen des Gesundheitssystems und den Rationalisierungs- und Effizienzzwängen zu tun, die die Ökonomisierung dieses Bereichs mit sich bringt. Doch er hängt ebenso mit den Erwartungen der Betroffenen zusammen, die unter den Aspekten der Leistungsgesellschaft Krankheit, Behinderung und Alt-Werden als reduziertes Leben wahrnehmen.

Das bringt uns schließlich zu der dritten und allgemeinen Charakterisierung unserer ökonomisch bedingten Lebensform: Wir leben in der *Leistungsgesellschaft*.[11] Es ist wohl kein Zufall, dass Herbert Marcuse seine Kritik der Leistungsgesellschaft in deutscher Sprache mit dem Titel *Triebstruktur und Gesellschaft* herausgebracht hat. Es handelt sich nämlich um die Tatsache, dass unser persönliches und gesellschaftliches Leben, geprägt durch die Wachstumszwänge des Kapitalismus, durchweg unter Leistungsgesichtspunkten gesehen wird. Das bezieht sich nicht bloß auf die Arbeit, insbesondere die Erwerbsarbeit, sondern ebenso auf den Bildungssektor und die Freizeit. Die Folge ist, dass die meisten Menschen dieses Leben als Stress erfahren, dass sich eine neue *Zivilisationskrankheit*, das Burn-out-Syndrom, herausgebildet hat und immer weitere Kreise im Berufsleben erreicht und dass das Arbeitsverhalten sehr vieler Menschen zu einer Haltung gerät, der zufolge sie sich das Äußerste an Intensität und Dauer abverlangen müssen. Das hängt vielfach mit Aufstiegsstreben, aber auch mit Angst um den eigenen Arbeitsplatz zusammen, ist aber auch in ungefährdeter Lage des Erwerbstätigen *nor-*

11 Siehe dazu Gernot Böhme (Hg.), *Kritik der Leistungsgesellschaft*, Bielefeld/Basel: Edition Sirius im Aisthesis Verlag 2010 und das entsprechende Kapitel in diesem Band.

mal. Natürlich müssen die gesellschaftlichen Randbedingungen dieser Tatsachen, die hier unter dem Stichwort eines »Unbehagens im Wohlstand« zusammengefasst werden, insbesondere die ökonomischen Randbedingungen dafür verantwortlich gemacht werden – wie es mit diesem Buch über den ästhetischen Kapitalismus ja auch geschieht. Da aber nicht zu erwarten ist, dass sich an diesen Randbedingungen etwas ändert, sondern eher, dass sich die ökonomischen Zwänge wahrscheinlich noch verschärfen werden, ist danach zu fragen, wie sich der Einzelne darin einrichtet. Im Blick auf die Endlichkeit des Daseins kann er es sich gar nicht leisten, dieses Leben im ständigen Gefühl des Ungenügens, der Suboptimalität und in Stress hinzubringen. Er muss durch eine Haushaltung seiner Bedürfnisse seine Souveränität gegenüber dem Wirtschaftssystem zurückgewinnen. Dazu bedarf es vor allem einer gewissen Gelassenheit, nämlich einer Haltung, sich das Jeweilige genügen zu lassen. Es bedarf ferner einer gewissen Zurückhaltung und Achtsamkeit in Bezug auf die Ausstattung des eigenen Lebens. Damit ist gemeint, das Bedürfnis zu entwickeln, sich in dieser Ausstattung, also etwa der eigenen Wohnung, durch Ausdruck und Geschmack wiederzufinden und darin eine gewisse Beschränkung und Stabilität zu erreichen – anstatt damit Modebewusstsein, Modernität und Status zu demonstrieren. Ferner sollte man lernen, so wie die Vermeidung von Süchten, auch die Transformation von Bedürfnissen in Begehrnisse im eigenen Gefühlshaushalt nicht zuzulassen. Dieser Akt der Selbstsorge ist zwar der klassischen Askese verwandt. Doch bedeutet er keineswegs einfach Verzicht auf Konsum und Genuss, wohl aber die Disziplin, nicht in eine nach oben offene Steigerungsspirale hineinzugeraten, wie sie die Konsumwelt in der ästhetischen Ökonomie nahelegt. Dazu bedarf es allerdings einer Einsicht in deren

Strukturen und eines Bewusstseins, wie der eigene Gefühlshaushalt dadurch geprägt sein kann. Dieses Bewusstsein zu fördern, dazu möge das vorliegende Buch dienen.

1. Zur Kritik der ästhetischen Ökonomie

I. Einleitung

Mit dem Kapitel zur »Kulturindustrie« in der *Dialektik der Aufklärung* haben Horkheimer und Adorno in den vierziger Jahren ein Paradigma aufgestellt, an dem sich bis heute jede Kritik ästhetischer Produktion in ihrer Beziehung zur Ökonomie zu orientieren hat.[1] Das bedeutet aber nicht, dass die Aufgabe einer zeitgenössischen Auseinandersetzung mit der Theorie der Kulturindustrie vordringlich darin bestünde, nachzuweisen, dass diese immer noch leistungsfähig ist oder umgekehrt, ihre *shortcomings* herauszustellen: dass sie keinen Unterschied mache zwischen populärer Kunst und Massenkunst und folglich die Möglichkeiten subversiver Pop-Art nicht erkannt habe, dass ihre Unterscheidung von hoher und niederer Kultur vom Selbstbewusstsein einer bildungsbürgerlicher Elite lebe, dass sie den Kulturkonsum abfällig als Scheinbefriedigung charakterisiert habe.[2] Nach dem fast vollständigen Verschwinden jeglichen klassenspezifischen Bewusstseins, nach einer radikalen Veränderung der ökonomischen Bedeutung ästhetischer Produktion und dem seit den fünfziger Jahren vollzogenen Übergang in eine neue Phase des Kapitalismus scheint es mir gegenwärtig vielmehr nötig, die Theorie der Kulturindustrie unter diesen veränderten Rahmenbedingungen zu rekonstruieren und auf diese Weise

1 Max Horkheimer und Theodor W. Adorno, *Dialektik der Aufklärung*, Frankfurt/M.: Fischer 1969.

2 Zu diesem Typ des kritischen Rückblicks auf den Text »Kulturindustrie« siehe Heft 10 (2000) der *Zeitschrift für kritische Theorie.*

ihr die Reverenz zu erweisen. Eine solche Rekonstruktion habe ich vor ein paar Jahren mit der Skizze einer *ästhetischen Ökonomie* vorgeschlagen,[3] und diese Skizze soll hier zunächst mit wenigen Worten wiederholt werden.

Die Theorie der ästhetischen Ökonomie geht von dem ubiquitären Phänomen einer Ästhetisierung des Realen aus und nimmt die Tatsache ernst, dass diese Ästhetisierung einen bedeutenden Faktor in der Ökonomie fortgeschrittener kapitalistischer Volkswirtschaften darstellt. Um diese Situation zu erfassen, ist der erste Schritt dieses Ansatzes, den Begriff der »ästhetischen Arbeit« zu bilden. Mit ihm wird die Gesamtheit jener Tätigkeiten bezeichnet, die darauf abzielen, Dingen und Menschen, Städten und Landschaften ein *Aussehen* zu geben, ihnen eine *Ausstrahlung* zu verleihen, sie mit einer Atmosphäre zu versehen oder in Ensembles eine Atmosphäre zu erzeugen. Mit dieser Begriffsbildung wird zunächst bewusst auf eine qualitative Wertung der Produkte ästhetischer Arbeit verzichtet, also auf eine Differenz, wie die von Kunst und Kitsch, von der die Theorie der Kulturindustrie so wesentlich lebt. Die Theorie der ästhetischen Ökonomie geht auch nicht von einer Sonderstellung der Kunst- oder Kulturschaffenden aus, die durch eine Kluft von Kunsthandwerkern, Kosmetikerinnen und Werbeleuten getrennt seien. Der Begriff des ästhetischen Arbeiters umfasst vielmehr das ganze Spektrum vom Anstreicher bis zum Künstler, vom Designer über den Bühnenbildner zum Muzakproduzenten, er umfasst alle mensch-

3 Zuerst im Druck in meinem Aufsatz »Atmosphäre als Grundbegriff einer neuen Ästhetik«, in: *Kunstforum International* 120 (1992), S. 237-255, jetzt in meinem Buch *Atmosphären. Essays zur neuen Ästhetik*, Berlin: Suhrkamp 2013, 7. erw. Aufl., dann in meiner Ästhetik-Vorlesung, die unter dem Titel *Aisthestik. Vorlesungen über Ästhetik als allgemeine Wahrnehmungslehre*, München: Fink 2001, erschienen ist.

lichen Tätigkeiten, die den Dingen, Menschen und Ensembles jenes »Mehr« verleihen, das über ihre Vorhandenheit und Zuhandenheit, das über ihre Dinglichkeit und ihre Zweckdienlichkeit hinausgeht. Weil dieses »Mehr« eine eigenständige ökonomische Bedeutung erlangt hat, prägte Adorno dafür den Begriff des »Inszenierungswerts«. Diese Begriffsbildung erweitert die Marx'sche Dichotomie von Gebrauchswert und Tauschwert um eine dritte Wertkategorie. Der Gebrauchswert einer Ware besteht in ihrer Zweckdienlichkeit innerhalb eines bestimmten Gebrauchszusammenhangs, ihr Tauschwert – abstrakt in Geld beziffert – in dem Wert, der ihr im Zusammenhang des Tauschvorgangs beigemessen wird. Um den Tauschwert zu erhöhen, werden die Waren aber mittlerweile auf besondere Weise hergerichtet. Man gibt ihnen ein bestimmtes Aussehen, sie werden ästhetisiert, und sie werden in der Tauschsphäre *inszeniert*. Diese ästhetischen Eigenschaften der Ware entwickeln sich zu einem eigenständigen Wert, weil sie für den Käufer nicht nur im Tausch-, sondern auch im Gebrauchszusammenhang eine Rolle spielen. Allerdings sind sie keine klassischen Gebrauchswerte, sie haben nichts mit Dienlichkeit und Zweckmäßigkeit zu tun. Sie bilden gewissermaßen einen neuen Typ von Gebrauchswert, der sich vom Tauschwert ableitet, insofern nämlich nun von ihrer Attraktivität, ihrer Ausstrahlung, ihrer Atmosphäre Gebrauch gemacht wird: Sie selbst dienen der Inszenierung, der Ausstaffierung und Steigerung des Lebens.

Entscheidend für die ästhetische Ökonomie ist, dass sich ein quantitativ bedeutender Sektor der Gesamtwirtschaft auf die Produktion von Inszenierungswerten ausrichtet bzw. dass ein wesentlicher Teil der Warenproduktion darin besteht, die Ware mit Inszenierungswert zu versehen. Die ästhetische Ökonomie produziert also zum großen Teil Werte, die man eigentlich nicht braucht. Damit erweist sie sich als eine besondere Entwicklungsstufe des Kapitalismus. Dieser wird in der Regel, wie jede Wirtschaftsform, als eine Organisation zur Bewältigung der menschlichen Not und zur Befriedigung von Bedürfnissen verstanden. Zwar gab es immer schon sehr hellsichtige Theoretiker wie Veblen oder Sombart, die den Kapitalismus explizit mit Luxusproduktion in Verbindung brachten.[4] Heute wird man ihre Bücher als Anfänge einer Kritik der ästhetischen Ökonomie werten müssen. Aufs Ganze gesehen aber wurde und wird der Kapitalismus als eine höchst ernste Sache aufgefasst und, in Marx' Terminologie gesprochen, dem Reich der Notwendigkeit, nicht dem Reich der Freiheit zugeordnet. In einem gewissen Entwicklungsstadium, jenem, in dem die Bedürfnisse der Menschen in einer Gesellschaft im Wesentlichen befriedigt sind, muss der Kapitalismus auf einen anderen Typ von Bedürfnissen setzen, den man zweckmäßigerweise mit einem eigenen Terminus, nämlich dem der *Begehrnisse* bezeichnet. Damit ist der dritte Grundbegriff der ästhetischen Ökonomie genannt. Begehrnisse sind solche Bedürfnisse, die dadurch, dass man ihnen entspricht, nicht gestillt, sondern gesteigert werden. Bedürfnisse im engeren Sinne, etwa zu trinken, zu schlafen oder sich vor der Kälte zu schützen, verschwinden in dem Moment, in dem sie *gestillt* werden. Das ist bei Begehrnissen anders: Wer Macht hat, will mehr Macht, wer berühmt ist, will noch berühmter werden usw. Wichtig ist, dass es Begehrnisse gibt, die direkt ökonomisch ausgebeutet werden können. Und gerade diese

4 Thorstein Veblen, *Theorie der feinen Leute. Eine ökonomische Untersuchung der Institutionen*, München: dtv 1971; Werner Sombart, *Liebe, Luxus und Kapitalismus. Über die Entstehung der modernen Welt aus dem Geist der Verschwendung*, Berlin: Wagenbach 1983 [1912], 2. Aufl.

richten sich auf die Inszenierung und damit die Steigerung des Lebens. Für Ausstattung, Glanz und Sichtbarkeit gibt es keine natürlichen Grenzen. Vielmehr verlangt hier jede Stufe, die man erreicht, nach einer weiteren Steigerung. Da Wachstum wesentlich zum Kapitalismus gehört, muss die kapitalistische Produktion in einem bestimmten Entwicklungsstadium, das durch die grundsätzliche Befriedigung der Bedürfnisse einer Bevölkerung charakterisiert ist, für das Weitere explizit auf die Begehrnisse setzen. Die Wirtschaft wird damit zur ästhetischen Ökonomie.

II. Rekonstruktion kritischer Theorie

Die Kritik der ästhetischen Ökonomie soll einen Beitrag zur Rekonstruktion der kritischen Theorie leisten. Unter »Rekonstruktion« ist dabei nicht die philologische Aneignung der Kritischen Theorie zu verstehen, sondern ihre historische Fortsetzung. Dabei geht es nicht nur um die veränderten gesellschaftlichen, ökonomischen und technischen Rahmenbedingungen, sondern auch um die Folgen der Theorie zum Verhältnis von Ästhetik und Ökonomie, in denen sich diese Veränderungen spiegeln. Was Horkheimers und Adornos Überlegungen zur Kulturindustrie angeht, muss man in der Geschichte sogar noch ein Stück zurückgehen, nämlich zu Walter Benjamin, der in seinem Aufsatz über *Das Kunstwerk im Zeitalter seiner technischen Reproduzierbarkeit* ja bereits Kunstgattungen thematisiert hatte, für die die technische Reproduzierbarkeit essentiell ist – also damals Fotografie und Film.[5]

5 Walter Benjamin, *Das Kunstwerk im Zeitalter seiner technischen Reproduzierbarkeit*, Frankfurt/M.: Suhrkamp 1979, 11. Aufl.

Außerdem hatte er mit dem Erscheinen dieser Kunstgattungen die Entstehung spezifischer Massenkultur ins Auge gefasst. In dieser Hinsicht muss man Horkheimers und Adornos Ansatz geradezu als einen Rückschritt bezeichnen. Technisierung ist für sie nichts als Standardisierung und industrielle Produktion von Kunst, und damit nichts als deren Depravierung.[6] Benjamins Aufsatz war beiden bekannt, von seinem nicht vollendeten *Passagen-Werk* sicherlich nur einige der Grundideen. Zu diesen gehört die *Ästhetisierung der Warenwelt* als eines Grundzugs des Hochkapitalismus, dessen Anfänge Benjamin schon im 19. Jahrhundert zu erkennen glaubte. Mit diesem Konzept Benjamins wird in der Folge die Perspektive einer Theorie der Kulturindustrie bedeutend erweitert. Wenn nämlich Horkheimer und Adorno von Kultur reden, dann denken sie primär und vielleicht sogar ausschließlich an Kunstproduktion und -rezeption. Ihre Kritik gilt in erster Linie der Vermarktung, der Nivellierung und Trivialisierung von Kunst. Freilich gibt es in dem Kapitel zur »Kulturindustrie« Gedanken, in denen sich die durch Benjamins Beobachtungen zur Ästhetisierung der Warenwelt angedeutete Erweiterung der Ästhetik bereits Bahn bricht. Einerseits sehen Horkheimer und Adorno in der Kulturindustrie keineswegs bloß eine Ver-

6 »Lichtspiele und Rundfunk brauchen sich nicht mehr als Kunst auszugeben. Die Wahrheit, daß sie nichts sind als Geschäft, verwenden sie als Ideologie, die den Schund legitimieren soll, den sie vorsätzlich herstellen.« »Technische Rationalität heute ist die Rationalität der Herrschaft selbst. Sie ist Zwangscharakter der sich selbst entfremdenden Gesellschaft. [...] Einstweilen hat es die Technik der Kulturindustrie bloß zur Standardisierung und Serienproduktion gebracht und das geopfert, wodurch die Logik des Werks von der des gesellschaftlichen Systems sich unterschied« (Horkheimer/Adorno, *Dialektik der Aufklärung*, S. 129).

einnahmung der Kultur von außen, sondern ebenso eine Entwicklung, die in deren eigener Konsequenz liegt.[7] Andererseits erkennen sie im Versinken von Kultur in industriell produzierter Unterhaltung auch die Chance von deren ästhetischer Aufwertung: »Die Fusion von Kultur und Unterhaltung heute vollzieht sich nicht nur als Depravation der Kultur, sondern ebensosehr als zwangsläufige Vergeistigung des Amusements.«[8] Von hier aus wäre es nur ein Schritt gewesen, die Möglichkeit ins Auge zu fassen, dass die von der Avantgarde immer wieder erhobene Forderung nach einem Übergang der Kunst ins Leben auch gelingen könnte: dass die Kunst industriell produziert im Design wieder zum Vorschein kommen könnte, von der Werbung vereinnahmt, in verwandelter Form wieder hervortreten würde. Die qualitativen Differenzen, an denen Horkheimer und Adorno so viel liegt, und deren Einebnung sie mit einem Schwall von Pejorativen geißeln – »Schund«, »Verdummung«, »Schwindel« –, bezeichnen dann nicht mehr Bereichsgrenzen wie etwa die zwischen Kunst und Kunstgewerbe, sondern finden auf allen Sektoren ästhetischer Arbeit ihre Anwendung. Die damit sich abzeichnende Erweiterung des Themas »Kultur« auf ästhetische Arbeit überhaupt musste notwendig die Kritikfronten verschieben. Es ging in der Folge nicht mehr an, sie in der Entgegensetzung von Kunst und deren industrieller Depravation zu investieren.

In der Zeit des wirtschaftlichen Aufschwungs in Europa nahmen Wolfgang Fritz Haug und Jean Baudrillard das in die-

7 »Nur noch Stil, gibt sie [die Kulturindustrie] dessen Geheimnis preis, den Gehorsam gegen die gesellschaftliche Hierarchie. Die ästhetische Barbarei heute vollendet, was den geistigen Gebilden droht, seitdem man sie als Kultur zusammengebracht und neutralisiert hat. Von Kultur zu reden war immer schon wider die Kultur« (ebd., S. 139).

8 Ebd., S. 152.

ser Weise verwandelte Thema von Horkheimer und Adorno auf. In Haugs *Kritik der Warenästhetik*[9] ging es zwar nicht mehr um das Verhältnis der industriell produzierten ästhetischen Werte zur Kunst, wohl aber – wie in Horkheimers und Adornos »Kulturindustrie« – um den repressiven Charakter der ästhetischen Ökonomie. Schon in dem Kapitel zur »Kulturindustrie« ist von der standardisierenden Kraft des Films für Gefühl und Lebensform die Rede[10] und davon, dass die Kulturindustrie durch affektive Scheinbefriedigung in die Versagung einübe: »Immerwährend betrügt die Kulturindustrie ihre Konsumenten um das, was sie immmerwährend verspricht.«[11] Haug verdichtet diesen Gedanken sehr plastisch, indem er die Ästhetisierung der Waren als ihre Sexualisierung beschreibt. Er sieht darin eine Erziehung zum Voyeurismus:

> »Im Zustand allgemeiner sexueller Unterdrückung oder doch Isolierung liegt der Gebrauchswert des bloßen sexuellen Scheins etwa in der Befriedigung der Schaulust. Diese Befriedigung mit einem Gebrauchswert, dessen spezifische Natur es ist, Schein zu sein, kann Schein-Befriedigung genannt werden. Für die Befriedigung mit sexuellem Schein ist charakteristisch, daß sie die Nachfrage nach ihr zugleich mit der Befriedigung reproduziert und zwanghaft fixiert.«[12]

Mit dem Weitblick des Autors zeigt sich an dieser Stelle zugleich auch dessen Beschränkung durch seinen asketischen Marxismus. Die Lust an der Ästhetisierung des Realen, die bei Horkheimer und Adorno als »Amusement« disqualifi-

9 Wolfgang Fritz Haug, *Kritik der Warenästhetik*, Frankfurt/M.: Suhrkamp 1977, 6. Aufl.
10 »Das Leben soll der Tendenz nach vom Tonfilm nicht mehr sich unterscheiden lassen« (Horkheimer/Adorno, *Dialektik der Aufklärung*, S. 134).
11 Ebd., S. 148.
12 Haug, *Kritik der Warenästhetik*, S. 67f.

ziert wird, gilt Haug ebenfalls nur als Scheinbefriedigung – und dass der Eros der Ferne, der sich an der »Wirklichkeit der Bilder« entzündet, wie Ludwig Klages schreibt, vielleicht der wahre sein könnte, liegt außerhalb von Haugs Horizont. Ebenso wenig kann er den Gedanken entwickeln, der sich in der letzten Wendung des Zitats abzeichnet, dass nämlich eine Befriedigung zugleich die Nachfrage reproduziert. Das ist erst möglich, wenn man nach Bataille Bedürfnisse und Begehrnisse unterscheidet und den Kapitalismus als Verschwendungsökonomie charakterisiert. Für Haug bleibt es dabei: Die Ökonomie dient der Befriedigung von Bedürfnissen. Er verteidigt das Echte gegen den Schein und den Gebrauchswert der Ware gegen deren Ästhetisierung.

Die *Kritik der Warenästhetik* ist also genauer besehen eine Kritik der Ästhetisierung der Warenwelt. Haug kann oder will deshalb dem ästhetischen Wert der Waren keinen eigenständigen Status zugestehen. Die Warenästhetik ist für ihn nichts als die mehr oder weniger gelingende Vermittlung eines Widerspruchs, der in der Warenförmigkeit von Dingen aufbricht, nämlich des *Widerspruchs* zwischen Tauschwert und Gebrauchswert. Um den Tauschwert der Ware im Tauschakt realisieren zu können, muss der Verkäufer der Ware für den Tauschakt Qualitäten verleihen, die sie für den Käufer – der im Grunde nur am Gebrauchswert der Ware interessiert ist – auch *im* Tauschakt attraktiv machen: »Hinfort wird bei aller Warenproduktion ein Doppeltes produziert: erstens der Gebrauchswert, zweitens und extra die Erscheinung des Gebrauchswertes.«[13] Dieses Zweite, der eigentlich ästhetische Charakter der Ware ist für Haug also ein Appell an das Bedürfnis des Käufers, und zwar der Appell, einen Gebrauchs-

13 Ebd., S. 16f.

wert zu erstehen. Haug sieht damit in der Ästhetisierung der Ware ein »Gebrauchswertversprechen«.[14] Es ist schwer abzuschätzen, ob in der Phase der ökonomischen Entwicklung, in der Haug diese Sätze schrieb (um das Jahr 1970), die Ästhetik der Ware noch nicht zu einem selbständigen Wert geworden war oder ob Haug hier gerade wegen seiner dialektischen Ableitung die Selbständigkeit des ästhetischen Werts der Ware entging. Sie tritt für ihn nicht als begriffliche, sondern nur als materielle Selbständigkeit in den Blick, als Verpackung. Die Ästhetisierung der Ware führt zu einem ästhetischen Warenkleid, das sie aber nur im Tauschzusammenhang trägt und im Gebrauchszusammenhang ablegt.[15]

Haugs Kritik an der Ästhetisierung der Ware besteht also darin, dass durch den Produzenten oder Verkäufer ein Gebrauchswertversprechen gegeben wird, das von der Ware letzten Endes nicht eingelöst werden kann. Haug sieht nicht, dass durch die Warenästhetik ein Bedürfnis des Käufers befriedigt wird, das *nicht* auf den Gebrauchswert zielt.

Das ist deutlich anders in den Arbeiten von Jean Baudrillard, die etwa zeitgleich mit denen von Wolfgang Fritz Haug entstanden sind. Dabei verfährt Baudrillard in *Die Konsumgesellschaft* eher deskriptiv,[16] während er mit *Pour une critique de l'économie politique du signe* eine Theorie der Konsumgesellschaft vorlegen wollte.[17] Mit dem Stichwort »Konsumgesellschaft« ist die entscheidende Wende schon angezeigt: Die Käufer wollen durch den Erwerb von Gebrauchswerten

14 Ebd., S. 17.

15 Siehe dazu ebd., III. Teil, Abschnitt 4.

16 Jean Baudrillard, *Die Konsumgesellschaft. Ihre Mythen, ihre Strukturen*, Wiesbaden: Springer 1974.

17 Jean Baudrillard, *Pour une critique de l'économie politique du signe*, Paris: Gallimard 1972.

nicht einfach ihre Bedürfnisse befriedigen, vielmehr steht der Konsum als solcher im Zentrum. Denn durch ihn können sie ihren sozialen Rang manifest machen. Baudrillard versucht diese Differenz, die er von Thorstein Veblen übernimmt,[18] durch einen Bezug auf den von Bronisław Malinowski beschriebenen symbolischen Tausch, die Kula oder den Potlatch, zu veranschaulichen. Im Kula verausgabt man sich in einer Ökonomie der Gabe, um dadurch einen sozialen Status zu erringen oder zu manifestieren. Der gewöhnliche Warentausch hat hingegen die Befriedigung primärer Bedürfnisse zum Ziel.[19] Baudrillards Behauptung ist nun, dass die Konsumgesellschaft darin besteht, dass diese Differenz zwischen den beiden Tauscharten nicht mehr existiert. Mehr noch, der symbolische Tausch dominiere den gewöhnlichen Warentausch: »Non la relation aux besoins, la valeur d'usage, mais la valeur d'échange symbolique, de prestation sociale, de concurrence et, à la limite, de discrimination de classe – telle est l'hypothèse conceptuelle fondamentale d'une analyse sociologique de la ›consommation‹«.[20] Das Interesse, das der Käufer der Ware entgegenbringt, ist nach Baudrillards Analyse also das Interesse, sie überhaupt zu kaufen, sie sich leisten zu können. Baudrillard hat damit erkannt, dass das Ware-Sein oder besser gesagt die Erscheinung von Dingen als Waren auch außerhalb

18 Veblens Buch *Theorie der feinen Leute*, das englische Original erschien 1899, wurde offenbar erst 1969 ins Französische übersetzt.

19 Baudrillard, *Pour une critique de l'économie politique du signe*, S. 8f.

20 Ebd., S. 9 (im Deutschen lautet die zitierte Stelle: »Nicht die Beziehung auf die Bedürfnisse, der Gebrauchswert, sondern der symbolische Tauschwert, der Wert der sozialen Darbietung, der Konkurrenz und, im Extremfall, der Diskriminierung der Klassen – das ist die grundlegende begriffliche Hypothese einer soziologischen Analyse des ›Konsums‹.«).

des Warentauschs Bestand hat. Die Ästhetisierung der Waren, die bei Haug lediglich eine Vermittlung zwischen Gebrauchswert und Tauschwert ist, gewinnt damit eine Eigenständigkeit. Sie ist keine bloße Vermittlung mehr, sondern, so könnte man sagen, ein Gebrauchswert des Tauschwerts. Baudrillard kann deshalb neben Gebrauchswert und Tauschwert einen dritten Werttyp benennen: den Zeichenwert (*value signe*). Das geschieht explizit im Kapitel »Vers une critique de l'économie politique du signe« (»Für eine Kritik der politischen Ökonomie des Zeichens«). Schaut man genauer hin, erkennt man allerdings, dass es Baudrillard nicht darum geht, dass die Erscheinungsform der Ware im Tausch, d. h. ihre Ästhetik, auch im Gebrauchszusammenhang einen Wert erhält. Vielmehr versucht er in seinem Bemühen, die Ökonomie der Konsumgesellschaft als ein Amalgam aus Warentausch und symbolischem Tausch zu erweisen, aufseiten der Zeichen eine Parallele zwischen Tauschwert und Gebrauchswert zu konstruieren. Dabei entspricht dem Tauschwert das Bezeichnende am Zeichen (*signifiant*) und dem Gebrauchswert die Bedeutung (*signifié*).[21] Damit kann Baudrillard zwar den Zeichencharakter von Waren und ihre Bedeutung in der Diskriminierung[22] der Käufer definieren – wer ein bestimmtes Accessoire trägt, gibt sich modebewusst, wer dieses oder jenes Porzellan kauft, stellt seinen Geschmack unter Beweis –, aber durch diese Abstraktion verliert er die Beziehung zur Ästhetisierung der Warenwelt, der unser Interesse gilt. Denn der Zeichenwert der Ware im Tauschzusammenhang, der dem Käufer soziale Bedeutung gibt, kann ja allein im Preis der Ware liegen. Damit wäre Baudrillards Ökonomie der Zeichen im Kern

21 Ebd., S. 151.
22 Siehe das obige Zitat aus ebd., S. 9.

eine Theorie des Statussymbols und die Kritik der Konsumgesellschaft die Kritik einer Gesellschaft, die sich nach dem Konsumniveau schichtet. Gleichwohl darf man die Bedeutung von Baudrillards Ansatz nicht unterschätzen. Bücher wie Pierre Bourdieus *Die feinen Unterschiede*[23] und Gerhard Schulzes *Die Erlebnisgesellschaft*[24] dürften von seinem Vorstoß profitiert haben.

Noch ein weiterer Punkt ist wichtig: Wenn Baudrillard von einer Ökonomie der Bedürfnisse und der Gebrauchswerte zu einer Ökonomie der Zeichen übergeht, so implizit auch von einer Ökonomie der Knappheit und der Askese zu einer Ökonomie des Überflusses und der Verschwendung. Besonders deutlich wird das im Vergleich zu den Arbeiten von Wolfgang Fritz Haug. Ich habe schon darauf hingewiesen, dass sich Baudrillard auf Veblen beruft und damit auf eine sozialökonomische Theorie, nach der Konsum nicht der Befriedigung elementarer Bedürfnisse, sondern der Realisierung eines sozialen Status dient. Er hätte ebenso gut auf die Arbeiten Werner Sombarts zurückgreifen können, der Luxus und Verschwendung geradezu als Ursprung der kapitalistischen Wirtschaftsform erweisen will. In seinem Buch *Liebe, Luxus und Kapitalismus* zeigt er, dass der Luxus und der Verschwendungskonsum sich besonders auf ästhetische Werte beziehen. Im Zentrum steht die Ausstattung des Lebens, die Bekleidung, Farben, Geruchsstoffe, Spiegel und im gewöhnlichen Konsum – beim Essen – die Verfeinerung durch Gewürze und Ergänzung durch Genussmittel: Kaffee, Tee, Zucker. Diese

23 Pierre Bourdieu, *Die feinen Unterschiede. Kritik der gesellschaftlichen Urteilskraft*, Frankfurt/M.: Suhrkamp 1982.

24 Gerhard Schulz, *Die Erlebnisgesellschaft, Kultursoziologie der Gegenwart*, Frankfurt/M./New York: Campus 1992, 4. Aufl.

Analysen sind außerordentlich wichtig, und zwar weil sie die Einsicht vorbereiten, dass es bei der Verschwendungsökonomie keineswegs bloß um ein quantitatives Mehr von Konsum und eine Vernichtung von Überschüssen geht, sondern um einen anderen Typ von Konsum und einen anderen Typ von Bedürfnissen, den ich vorgreifend *Begehrnisse* genannt habe. Begehrnisse werden gesteigert, indem man ihnen entspricht, und sie dienen überhaupt der Lebenssteigerung, nicht seiner Erhaltung. Terminologisch lässt sich diese Differenz im Französischen durch den Unterschied von *besoin* und *désir* wohl besser ausdrücken, und so ist es auch das Verdienst von Georges Bataille, dass er der Einsicht in das Wesen dieser anderen Ökonomie, der Ökonomie der Verschwendung, die Bahn gebrochen hat. Bataille hat das Andere geradezu als *Die Aufhebung der Ökonomie* bezeichnet,[25] obgleich er sie nur als eine Seite der allgemeinen Ökonomie verstand, die sich dynamisch zwischen Phasen der Akkumulation und Phasen der Verschwendung bewegt. Für die Tradition der Ökonomik hat Bataille nach Veblen, Sombart und auch Schumpeter[26] eigentlich nichts Überraschendes gesagt. Nur muss man festhalten, dass die Verschwendung etwa bei Sombart und Veblen stets nur Sache der herrschenden Klassen war, und das in einer Gesellschaft, die man sogar in produzierende und konsumierende Klassen aufteilen konnte. Der anthropologische Tiefgang von Batailles Arbeiten entfaltete sich eigentlich erst in einer Situation, in

25 Georges Bataille, *Die Aufhebung der Ökonomie*, München: Matthes & Seitz 1985, 2. Aufl.

26 Siehe dazu Thomas Wex, »Ökonomik der Verschwendung. Batailles ›Allgemeine Ökonomie‹ und die Wirtschaftswissenschaft«, in: Andreas Hetzel und Peter Wichens (Hg.), *Georges Bataille. Vorreden zur Überschreitung*, Würzburg: Königshausen & Neumann 1999.

der sich der von Sombart und Veblen bereits skizzierte *Trickle-down*-Effekt, also die Ausbreitung der Verschwendungswirtschaft auf die g a n z e Gesellschaft, ausgewirkt hatte. Erst in einer solchen Situation, die man auch als Überflussgesellschaft bezeichnet hat, wurde deutlich, dass Luxus und Verschwendung keineswegs bloß der Distinktion und der Realisierung von gesellschaftlichem Status dienen, sondern etwas allgemein Menschliches sind und sich deshalb auch auf ein allgemein menschliches Grundbedürfnis beziehen. Es ist kein Elementarbedürfnis, keines, das der Lebenserhaltung dient, sondern es ist der Wunsch nach Lebenssteigerung. Dieser gesellschaftliche und wirtschaftliche Zustand wurde wohl in Europa und Nordamerika in den fünfziger bzw. sechziger Jahren erreicht. Es ist der Zustand, in dem der Kapitalismus nach der prinzipiellen Befriedigung der elementaren Bedürfnisse nun auf die Begehrnisse setzen muss. Das ist die Phase, in der ein Großteil der gesellschaftlichen Produktion zur ästhetischen Produktion wird, also nicht mehr Gebrauchswerten, sondern vielmehr Inszenierungswerten dient.

Für diesen Übergang war eine Kulturrevolution notwendig, eine Abkehr von der protestantischen Ethik, eine Überwindung der asketischen Werte und eine Rehabilitierung der Begehrnisse. Diese Kulturrevolution vollzog sich mit der Studentenbewegung, genauer gesagt einer Fraktion der Studentenbewegung.[27] Diese Fraktion ist literarisch nicht im asketischen Marxismus eines Haug zu finden, sondern viel eher bei

27 Siehe meinen Aufsatz: »Das Ende der Üblichkeiten. 30 Jahre danach. Eine ethische Revolution als Umbruch der Sitten«, in: *Freitag*, Nr. 48, 20. Nov. 1998. Jetzt integriert in »Zur Geschichte der Moral in der BRD«, in: Gernot Böhme, *Ethik leiblicher Existenz. Über unseren moralischen Umgang mit der eigenen Natur*, Frankfurt/M.: Suhrkamp 2008, S. 22-38.

Bataille, und vor allem dann repräsentativ in Herbert Marcuses *Triebstruktur und Gesellschaft*.

Marcuses Thema ist nicht die Ökonomie, sondern die Kultur, und so ist der Autor, an dem er sich abarbeitet, nicht Max Weber, sondern ein anderer Theoretiker asketischer Moral, nämlich Sigmund Freud. Gegen Freud versucht Marcuse zu zeigen, dass Kultur nicht notwendig repressiv sein muss. Freud hatte die Versagung, die sich der Einzelne auferlegen muss, mit dem »Realitätsprinzip« gerechtfertigt, das den Einzelnen zum Zweck kollektiven Überlebens daran hindert, sich auszuleben. Marcuse unterscheidet dagegen Realitätsprinzip und Leistungsprinzip bzw. zeigt, dass das Realitätsprinzip eigentlich ein Leistungsprinzip ist und mehr Versagung erzwingt, als zur Bewältigung von Realität und zur Subsistenzerhaltung notwendig wäre. Dieses Mehr der Versagung dient der Aufrechterhaltung von Herrschaft. Damit ist ausgesprochen, dass jedem Einzelnen mehr Versagung abverlangt wird, als nötig ist. Diese Veränderung der Perspektive bei Marcuse lässt eine ökonomische Situation sichtbar werden, in der die Elementarbedürfnisse befriedigt sind und damit dem Lustprinzip Raum gewährt werden könnte. Marcuse scheint sich zu der Zeit, als er *Triebstruktur und Gesellschaft* schrieb, noch unsicher gewesen zu sein, ob diese Situation bereits erreicht war. Auf der einen Seite war er sich darüber im Klaren, dass der damalige amerikanische Lebensstandard auf internationalen Abhängigkeiten aufruhte.[28] Auf der anderen Seite glaubte er noch, dass »[d]ie Verkürzung der Arbeitszeit [...] fast sicher ein beträchtliches Absinken des Lebensstan-

28 Herbert Marcuse, *Triebstruktur und Gesellschaft. Ein philosophischer Beitrag zu Sigmund Freud*, Frankfurt/M.: Suhrkamp 1965, S. 150.

dards [...] bedeuten« würde.[29] So schreibt er vorsichtshalber: »Die Versöhnung zwischen Lust- und Realitätsprinzip hängt nicht vom ›Überfluß für alle‹ ab.«[30] Faktisch aber war das Eintreten in die Überflussgesellschaft in den sechziger Jahren eben doch die Basis dafür, dass Marcuses Ideen zu den Ideen einer Kulturrevolution wurden. In welchem Maße diese die Grundeinstellungen und das Leben in den fortgeschrittenen Industrienationen verändert hat, ist heute kaum zu ermessen. Zu diesen Veränderungen gehört die Liberalisierung des Sexuallebens, die Rehabilitierung von Lust, die Entwicklung einer Freizeitkultur, die Ausdehnung des ludischen Elements im Leben, die allmähliche Obsoleszenz der Idee der Arbeit als Lebenserfüllung. Zu ihr gehört auch die Verlagerung des Interesses von der Realität auf ihre Erscheinung, das Leben in Bilderwelten und die Inszenierung der Städte, die Ästhetik der Existenz und die Ethik des guten Lebens.

Marcuse hatte seine Utopie einer Versöhnung von Realitäts- und Lustprinzip noch an Schillers *Briefen über die ästhetische Erziehung des Menschen* orientiert: das Reich der Freiheit als Reich des Spiels. Es beginnt jenseits des gesellschaftlich notwendigen Minimums repressiver Arbeit. Freilich übersieht er nicht – und damit kehren wir zu Horkheimer und Adorno und der Kulturindustrie zurück –, dass auch die Freizeit wieder unter das Leistungsprinzip gestellt werden könnte: »Erst im letzten Stadium der industriellen Zivilisation [...] hat die Technik der Massenlenkung eine Unterhaltungsindustrie entwickelt, die die Freizeit direkt unter Kontrolle hält«.[31]

29 Ebd., S. 152.
30 Ebd., S. 151.
31 Ebd., S. 52.

Die Entwicklungslinie der Kritik der ästhetischen Ökonomie von der »Kulturindustrie« über die *Warenästhetik* zu *Triebstruktur und Gesellschaft* hat bereits eine Verschiebung der Kritikfronten sichtbar werden lassen. Zugleich ist ihr Feld, wie das Feld der Ästhetik überhaupt, von der Kunst über die Ästhetik der Warenwelt bis zur Ästhetisierung des Lebens im Ganzen erweitert worden. Die Wiederholung des von Horkheimer und Adorno paradigmatisch mit dem Text zur »Kulturindustrie« vorgeführten Unternehmens wird sich heute vor allem durch eine Neubestimmung der Kritikfront artikulieren müssen.

Dafür sind in erster Linie drei Rahmenbedingungen zu beachten. Alle drei hängen eng miteinander zusammen und lassen heute ästhetische Produktion wie auch ästhetischen Konsum in anderem Lichte erscheinen. Die erste Rahmenbedingung ist der Stand der kapitalistischen Entwicklung selbst. Diesen mag man mit den Stichworten »Konsumgesellschaft«, »Überflussgesellschaft« oder »Verschwendungsökonomie« bezeichnen, und man kann ihn, global gesehen, als lokales Phänomen begreifen: In den Gesellschaften, die durch diese Phase des Kapitalismus charakterisiert sind, ist ein großer Teil der Produktion und Konsumption durch ästhetische Werte bestimmt. Die zweite Rahmenbedingung ist die veränderte Einstellung zum Lustprinzip: Nicht Arbeit, Sparen und Askese zeichnen das gute Leben aus, sondern Freizeit, Konsum und Spiel. Die dritte Rahmenbedingung ist das Ende der Klassengesellschaft. Diese Bedingung, die im Vorhergehenden noch nicht eingeführt wurde, bedarf einer kurzen Erläuterung.

Die von Baudrillard und Bourdieu herausgearbeitete Linie des ästhetischen Konsums, von der Ökonomie der Zeichen zu den feinen Unterschieden, scheint doch gerade zu bedeuten, dass der ästhetische Konsum Klassenunterschiede reproduziert. Das ist aber eine Täuschung, insofern nämlich die Klassen, von denen etwa Bourdieu redet, nicht die traditionellen sind, also solche, die sich durch ihre Stellung zu den Produktivkräften reproduzieren und deshalb ein Herrschaftsgefüge darstellen, sondern – wie er selbst schreibt – »konstruierte Klassen« sind,[32] d. h., es handelt sich um soziologische *Kategorien*, die durch Clusterung und inneren Zusammenhang von Merkmalsmengen gebildet werden. Zwar spricht Bourdieu noch zwanglos von herrschenden, von oberen und unteren Klassen, worauf es bei den feinen Unterschieden aber eigentlich ankommt, ist Distinktion als solche, auf die Unterscheidung von anderen gesellschaftlichen Gruppierungen. Die Ökonomie der Zeichen, die sich in den sechziger Jahren noch in einer Hierarchie von Statussymbolen ausgeprägt haben mag, ist heute einer Signalisierung und Inszenierung von Gruppenzugehörigkeiten gewichen, die eine Mannigfaltigkeit von Gruppierungsstilen und Lebensformen artikuliert, die mit gesellschaftlicher Schichtung und Herrschaft wenig zu tun haben.

Unter diesen Bedingungen kann eine Wiederholung des kritischen Unternehmens, für das Horkheimers und Adornos Text zur »Kulturindustrie« paradigmatisch ist, nicht mehr sein Thema in einer Depravierung der Kunst suchen. Die wahre, die authentische, die hohe Kunst sind die Quelle, aus der sich Horkheimers und Adornos Kritik wesentlich speiste, und man mag das ihrer bildungsbürgerlichen Herkunft zugutehalten. Heute aber müssen wir feststellen, dass weder die Warenförmigkeit der Kunst noch ihre technisch-industrielle Reproduzierbarkeit ihr geschadet haben und dass die soge-

32 Bourdieu, *Die feinen Unterschiede*, S. 182f.

nannte Massenkultur als solche weder nivellierend noch repressiv ist. Stets hat sich eine spröde Avantgarde artikulieren können, und die Qualitätsmaßstäbe ästhetischer Produktion sind so wenig nivelliert worden, dass sie sich auch in der Massenkultur haben ausbilden können. Und schließlich haben sich aus Letzterer sehr wohl subversive und zumindest zu den herrschenden Üblichkeiten der Arbeits- und Verkehrswelt, der Produktion und des Konsums quer liegende Bewegungen entwickeln können.

Ferner muss man gegen Horkheimer, gegen Adorno und eben auch gegen Haug sagen, dass der ästhetische Konsum von Film und Fernsehen über die Werbung bis zur Warenästhetik nicht als Scheinbefriedigung, als Quidproquo oder gar als vorsätzlicher Betrug und Verdummung des Publikums abqualifiziert werden kann. Dieser Kritiktyp lebt von der traditionellen Differenz von Sein und Erscheinung, von Realität und bloßem Schein. Demgegenüber müssen wir feststellen, dass sich mit der Wirklichkeit der Bilder ein Lebensbereich jenseits des Realitätsprinzips, also jenseits von Arbeit und Ernst des Lebens etabliert hat, in dem Menschen heute ihre Emotionen investieren und einen spielerisch-lustvollen Lebensvollzug ausüben können. Nach Marcuse wäre es pure Prüderie, das zu verdammen. Aber gegen Marcuse muss man konstatieren, dass damit keineswegs das Reich der Freiheit eingeläutet wird. Und damit meldet sich die alte Kritik in neuer Version.

Die Ästhetisierung der Realität, die durch die ästhetische Ökonomie vorangetrieben wird, ist durchaus ambivalent. Zuallererst gilt es festzuhalten, dass die Ökonomie der Verschwendung, die Bataille mit gutem Grund gegenüber Puritanismus und Viktorianismus rehabilitiert hat, faktisch noch immer auf weltweiter Ausbeutung beruht. Ferner dient die

Etablierung einer Bilderwelt auf der Oberfläche der Realität oder gar unabhängig von ihr zweifellos der Lebenssteigerung, doch darf sie nicht vergessen machen, dass die Gesellschaft weder nur imaginär ist (Cornelius Castoriadis) noch bloß als Spiel von Simulakren (Jean Baudrillard) geschieht, sondern letztlich immer noch auf Gewaltverhältnissen beruht. Und schließlich muss mit Horkheimer und Adorno, mit und gegen Marcuse gefragt werden, warum die ästhetische Ökonomie nicht das Tor zum Reich der Freiheit öffnet. Warum gilt auch unter den veränderten Bedingungen heute Horkheimers und Adornos Satz: »Amusement ist die Verlängerung der Arbeit unterm Spätkapitalismus«?[33] Und worauf beruht eigentlich jene »Technik der Massenlenkung«, von der Marcuse sagt, dass sie »eine Unterhaltungsindustrie entwickelt, die die Freizeit unter Kontrolle hält«.[34] Sie beruht, können wir antworten, darauf, dass die ästhetische Ökonomie notwendig auf Begehrnisse setzt, d. h. auf Bedürfnisse, die dadurch, dass man ihnen entspricht, nicht gestillt, sondern gesteigert werden. Die Entwicklung dieser Begehrnisse nach Gesehen Werden, nach Ausstattung, nach Selbstinszenierung sind die Basis einer neuen, praktisch unbegrenzten Ausbeutung. Auf ihrer Basis kann Konsum zur Leistung gemacht werden, wird das Leben im Überfluss zum Stress und die Verausgabung zur Pflicht. Unter diesen Bedingungen wird man wohl den souveränen Menschen[35] anders als Bataille bestimmen müssen, und Ausdrücke wie »Solidarität«, »Ernst« und »Askese« könnten einen neuen Sinn erhalten.

33 Horkheimer/Adorno, *Dialektik der Aufklärung*, S. 145.
34 Marcuse, *Triebstruktur und Gesellschaft*, S. 52.
35 Gernot Böhme, *Anthropologie in pragmatischer Hinsicht*, aktualisierte Neuausgabe mit Nachwort, Bielefeld: Edition Sirius im Aisthesis Verlag 2010.

2. Kritik des Wachstums

I. Wachstum überhaupt

Der Ausdruck »Wachstum« ruft stets positive Konnotationen hervor. Dass Wachstum etwas Gutes ist, hat wohl jeder Mensch in seiner Kindheit und Jugend erfahren. Mit welch Vergnügen hat man jährlich an den Strichen im Türsturz selbst gesehen, dass man wieder ein paar Zentimeter gewachsen war. »Wachsen« heißt, größer werden, mehr können und mehr dürfen. Die Zustimmung zum Wachsen sitzt so tief, dass man Leben geradezu mit Wachsen gleichsetzt – und lieber von Wuchern spricht, wenn ein Wachstum nicht akzeptabel, wenn es von Übel ist, wie beim Krebs. Wir müssen damit rechnen, dass diese Wertschätzung von »Wachstum« ideologisch genutzt wird, wo immer von Wirtschaftswachstum die Rede ist.

Vor diesem Hintergrund des alltagssprachlichen Verständnisses von Wachstum ist es nützlich, sich eines Menetekels aus der Frühzeit der industriellen Revolution zu erinnern, das sich in Justus von Liebigs *Agrikulturchemie* findet, einem Buch, in dem er die Idee des künstlichen Düngers eingeführt und propagiert hat. Dadurch wurde die alte Humustheorie abgelöst und, wirtschaftlich gesehen, die Industrialisierung der Landwirtschaft eingeleitet. Dieser Prozess kann als prototypisch angesehen werden für alles, was uns heute im Zusammenhang von Wachstum beunruhigt: kapitalistische Transformation der Produktionsformen und -verhältnisse, Landflucht und Proletarisierung der ehemaligen Landbewohner, Monokulturen und Artenschwund, Pestizid-Probleme, Verlust von landwirtschaftlich nutzbarer Fläche, Wasserverknappung, Welthunger, Grüne Revolution und heute: Grüne Gentechnik.

Liebig verspricht sich und seinen Abnehmern von künstlichem Dünger »hohe und immer steigende Ernten von ewiger Dauer«.[1] Es ist erstaunlich, dass er, immerhin ein Naturwissenschaftler ersten Ranges und selbstverständlich in Mathematik beschlagen, diesen Satz als Prophezeiung einer glücklichen Zukunft in die Welt setzen konnte – weniger erstaunlich ist, dass seine Leser ihn so verstanden. Uns ist inzwischen klar, dass sich die beiden Teile der Aussage, »hohe und immer steigende Ernten« einerseits und »von ewiger Dauer« andererseits, nicht miteinander vertragen, um nicht zu sagen: einander widersprechen. Das ist der Fall, wenn man den Ausdruck »steigende Ernten« so versteht, dass jeweils die Ernte dieses Jahres verglichen mit der Ernte des Vorjahres um einen gewissen Prozentsatz gestiegen ist. Das kann nicht gut gehen, denn es handelt sich dann um exponentielles Wachstum – und das kann nicht ewig so fortgesetzt werden. Da es nämlich immer Randbedingungen des infrage stehenden Prozesses gibt, im Falle der Agrikultur Faktoren, die nicht durch Düngung gesteigert werden können – und sei es auch nur das zur Verfügung stehende Wasser oder der zur Verfügung stehende Sauerstoff, ganz zu schweigen von den Nebenfolgen der künstlichen Düngung wie z. B. Versalzung –, wird die Wachstumskurve nicht gegen unendlich laufen, sondern sich einem Grenzwert anschmiegen.

Ich entnehme zur Veranschaulichung eine Kurve aus Derek de Solla Price' Buch *Science Since Babylon*. Sie heißt Sigmoide oder Logistische Kurve:

1 Justus von Liebig, *Die Chemie in ihrer Anwendung auf Agricultur und Physiologie*, Braunschweig: Vieweg 1862 [1840], Bd. 1, S. 12.

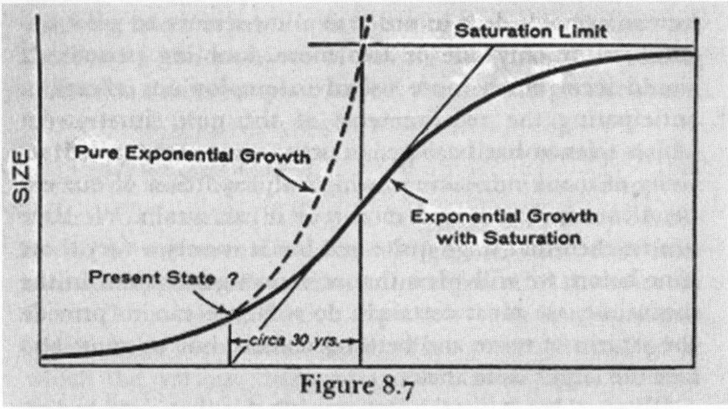

Abb. 1: Die Abb. zeigt das exponentielle Wachstum des wissenschaftlichen Personals, wie de Solla Price es noch zum Zeitpunkt der Veröffentlichung seines Buches erlebt hat (gestrichelte Linien). Sie zeigt ferner, dass dieses Wachstum abgebremst werden muss, wenn es eine feste Schranke etwa des eingesetzten Kapitals oder der zur Verfügung stehenden Menschen gibt (oberer waagerechter Strich). Das Wachstum schwenkt dann auf die geschwungene Linie, die Sigmoide, ein.

De Solla Price hat in den sechziger Jahren des vorigen Jahrhunderts für fast alle Parameter, mit denen man den Wissenschaftsbetrieb messen kann – Zahl der Universitäten, Zahl der Wissenschaftler, Zahl der jährlich publizierten Abstracts etc. –, ein exponentielles Wachstum festgestellt.[2] Sein Studium derartiger Wachstumsprozesse führte ihn zu einer eindringlichen Warnung an seine Zeitgenossen, sich auf einen Wandel des Wissenschaftssystems, wenn nicht gar tiefe Einschnitte, Katastrophen wie Massenarbeitslosigkeit von Akademikern bzw. Rückentwicklungen einzustellen. Dass das damalige

2 Derek de Solla Price, *Science Since Babylon*, New Haven, London: Yale UP 1975 [1961], erweiterte Ausg.

Wachstum der Wissenschaft nicht auf Dauer so weitergehen konnte, folgte allein schon aus der Tatsache, dass sonst in absehbarer Zeit jeder Mensch ein Wissenschaftler sein würde bzw. der Finanzbedarf des Wissenschaftssystems die Wirtschaftsleistung überschreiten würde.[3] Dabei stellt die Sigmoide gewissermaßen nur die naturgemäße oder sanfte Anpassung an die Randbedingungen der Entwicklung dar, während in der Realität durchaus auch massive Einbrüche die Folge sein können.

In summa: Schon mathematisch lässt sich zeigen, dass exponentielle Wachstumsprozesse nicht von Dauer sein können. Sie laufen gegen eine Wand, die durch die vorhandenen Ressourcen, den Raum, Stabilitätskriterien oder sonstige Randbedingungen der Entwicklung bestimmt ist. Im günstigsten Fall schwenken sie in eine Logistische Kurve ein. Prototypische Prozesse exponentiellen Wachstums sind aufseiten der Natur die Zellteilung, also z. B. das Wachstum von Bakterienpopulationen, und aufseiten der Zivilisation das Kapitalwachstum durch Zinseszins.

II. Grenzen des Wachstums

1972 brachte die Umweltwissenschaftlerin Donella Meadows zusammen mit ihrem Mann, dem Ökonomen Dennis L. Meadows, und anderen Autoren eine im Auftrag des Club of Rome erstellte Studie mit dem Titel *Die Grenzen des Wachstums* heraus.[4] Sie konstatierten für relevante Parameter der globalen

3 Dabei wird vorausgesetzt, dass die Wachstumsrate der Wissenschaft größer ist als die der Bevölkerung und des Bruttoinlandsprodukts.

4 Dennis Meadows, Donella Meadows, Erich Zahn, Peter Milling, *Die*

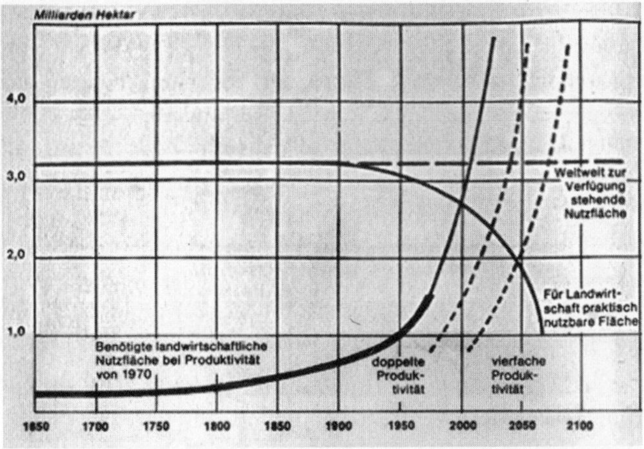

Abb. 2: Die dicke Linie zeigt den Anstieg der für die landwirtschaftliche Produktion benötigten Fläche, die obere abfallende Linie die dafür zur Verfügung stehende Fläche – sie nimmt z. B. durch Verödung oder Ausdehnung der Bau- und Verkehrsflächen ab. Der Schnittpunkt beider Linien bedeutet das Ende einer möglichen Steigerung der landwirtschaftlichen Produktion. Dieser Zeitpunkt kann verschoben werden durch Steigerung der Produktivität. Das wird mit den gestrichelten Linien angedeutet.

Menschheitsentwicklung wie etwa die Weltbevölkerung, das Weltbruttoinlandsprodukt, die Größe der Städte etc. in ihrer Zeit ein exponentielles Wachstum. In Modellrechnungen untersuchten sie dann deren Wechselwirkung und die Einwirkung von Randbedingungen, wie etwa agrikulturell nutzbare Fläche, fossile Brennstoffe, mineralische Rohstoffe etc. und

Grenzen des Wachstums. Bericht des Club of Rome zur Lage der Menschheit, Reinbek: Rowohlt 1973 [1972].

kamen zu dem Schluss, dass massive Veränderungen des Konsumverhaltens, des Wirtschaftens, des Energieverbrauchs usw. notwendig seien, um Katastrophen wie Hungersnöte oder kriegerische Verteilungskämpfe zu verhindern.

Ich möchte hier nur eine Grafik aus dem Buch zeigen, und zwar weil sie im Zusammenhang mit der eingangs erwähnten These Justus von Liebigs steht. Die Autoren stellen in dieser Abbildung dar, wie sich das Wachstum der für die Welternährung benötigten Fläche und die Abnahme der im Prinzip zur Verfügung stehenden Fläche zueinander verhalten.

Beide Kurven sind durch das Bevölkerungswachstum bedingt: das Anwachsen der benötigten landwirtschaftlichen Nutzfläche natürlicherweise durch den Nahrungsmittelbedarf der Bevölkerung, das Abfallen der zur Verfügung stehenden Nutzfläche durch den ebenfalls durch das Bevölkerungswachstum bedingten Anstieg der für Wohnen, Verkehr, Industrie verbrauchten Flächen. Dabei ist noch nicht berücksichtigt, was für uns seit einiger Zeit relevant ist: Aufgrund der intensiven Landwirtschaft wird laufend Agrarland unbrauchbar. Die Grafik zeigt, dass beide Kurven sich irgendwo schneiden müssen, dass also zu einem absehbaren Zeitpunkt – damals war die naheliegendste Prognose das Jahr 2000 – der Bedarf die agrarisch nutzbare Fläche übersteigen würde, d. h., das Wachstum der Weltbevölkerung nicht mehr wie bisher würde weitergehen können – und es infolgedessen z. B. zu Hungersnöten, erhöhter Säuglingssterblichkeit o. Ä. kommen würde.

Die Grafik lässt erkennen, dass die Autoren der Studie durchaus damit gerechnet haben, dass sich die Randbedingungen ihrer Extrapolationen verändern, etwa durch die Entwicklung neuer Technologien, in diesem Fall der Agrartechnologien. Deshalb zeigt sie alternative Verläufe der Kurve, die den Anstieg der benötigten landwirtschaftlichen Nutzfläche darstellt. Die Autoren berücksichtigten die Möglichkeiten, dass sich die Produktivität verdoppelte oder gar vervierfachte. Das ändert jedoch nichts an der grundsätzlichen Aussage, nämlich dass in absehbarer Zeit der Bedarf an landwirtschaftlicher Nutzfläche an die Grenze des urbar zu machenden Bodens stößt.

Die Entwicklung neuer Technologien war von Anfang an die eine von zwei Möglichkeiten, durch die man sich die Aufhebung oder zumindest die Verschiebung der von den Urhebern der Studie prognostizierten Grenzen des Wachstums denken konnte. Die andere war die Entdeckung neuer Ressourcen. Dabei ging es in erster Linie um die Prognose, dass gerade die Bestände an nicht erneuerbaren Bodenschätzen – Mineralien, Metallen, Erdöl, Erdgas – eine Grenze für weiteres Wachstum darstellen. Zum Zeitpunkt der Erstveröffentlichung des Berichts des Club of Rome war insbesondere die mögliche Erschöpfung der Erdölvorräte eine der zentralen Bedrohungen für das Wachstum. Mittlerweile haben die neu entdeckten Reserven die Förderung jedoch sogar überstiegen. Eine weitere Entwicklung, welche die Prognosen des Club of Rome weniger bedrohlich erscheinen lassen, ist die Tatsache, dass ein Abflachen der Wachstumsraten wesentlicher Parameter festzustellen ist. Das gilt vor allem für das Bevölkerungswachstum. Allerdings wurde der Rückgang der weltweiten Geburtenrate, der unter anderem auf die inzwischen beendete Ein-Kind-Politik in China zurückzuführen ist, durch eine niedrigere Sterberate aufgewogen. Das Wachstum der Weltbevölkerung verläuft jedenfalls nach wie vor exponentiell, und die UN rechnet bis zum Jahr 2050 mit 9,6 Milliarden Menschen.

Die Autoren von *Die Grenzen des Wachstums* haben den Veränderungen in ihren Voraussetzungen dadurch Rechnung getragen, dass sie im Abstand von zehn Jahren Updates veröffentlichten. Das letzte Update, aus dem Jahr 2004, zeigt eine strukturelle Veränderung der Betrachtungsweise. Die Verschiebung der Grenzen aufgrund neuer Technologien, neu entdeckter Ressourcen und des Rückgangs der Geburtenrate wird durch eine Grenze neuen Typs konterkariert, die wir pauschal als ökologische Belastung des Globus oder den *ökologischen Fußabdruck* bezeichnen können. Das weitere Wachstum wird begrenzt werden: durch den Treibhauseffekt, die Erosion, die Versalzung und Vergiftung von Böden, die allgemeine Stoffdissipation, die Verschmutzung bzw. Sterilisierung von Gewässern. Die Bedeutung dieser Faktoren hat die Autoren zu einer Veränderung ihrer Betrachtungsweise veranlasst. War die ursprüngliche durch den Antagonismus von Wachstum und Ressourcenverbrauch bestimmt, so die jüngste durch die Dreiheit von Wachstum, Ressourcen und humanem Stoffwechsel, einschließlich Ausscheidungen. Der Prozess der menschlichen Reproduktion wird, wie die Autoren sagen, auf der einen Seite durch die Erschöpfbarkeit von *Quellen*, auf der anderen Seite durch die limitierte Aufnahmefähigkeit von Senken im globalen Ökosystem begrenzt.[5] Dieser Wechsel der Betrachtungsweise hat unter anderem zur Folge, dass Meadows et al. eine weitere Steigerung des Energieverbrauchs der Menschheit nicht mehr durch die Quellen, sondern durch die Senken beschränkt sehen, also durch den

5 Donella Meadows, Jörgen Randers, Dennis Meadows, *Die Grenzen des Wachstums. Das 30-Jahre-Update. Signal zum Kurswechsel*, Stuttgart: Hirzel 2009 [2004], 3. Aufl. Siehe besonders das Kapitel »Die Grenzen: Quellen und Senken«, S. 51-131.

Treibhauseffekt und im Falle der Kernenergie durch den radioaktiven Müll.[6]

Die Veränderung der Perspektive hat auch bei den Meadows dazu geführt, dass sie ihre Hoffnung auf Nachhaltigkeit (*sustainability*) setzen. Dieser Ausdruck ist seit der Konferenz der Vereinten Nationen über Umwelt und Entwicklung in Rio de Janeiro 1992 zu einem Modewort geworden. Da der Begriff im Deutschen aus der Forstwirtschaft stammt – man soll nicht mehr aus einem Wald herausschlagen als nachwächst –, glaubt man, er bezeichne ein Gleichgewicht im Sinne von Null-Wachstum. In Wahrheit ist das in Rio formulierte Ziel der Nachhaltigkeit jedoch durch politische Kompromisse zustande gekommen, die in diesem Fall weiteres Wirtschaftswachstum sehr wohl einschließen, sogar fordern. Die drei Aspekte von Nachhaltigkeit sind nach den Beschlüssen der Konferenz in Rio: *environmental protection*, *economic growth*, *social equity*.[7] Man sieht, dass diese Aspekte von Nachhaltigkeit in einer inneren Spannung zueinander stehen, um nicht zu sagen, dass sie sich widersprechen. Insbesondere wird weltweite soziale Gleichstellung nicht ohne weiteres wirtschaftliches Wachstum zu erreichen sein, zumal wenn man den Lebensstandard Mitteleuropas als Ziel humaner Existenz ansieht. Wenn man den Entwicklungsländern einen Nachholbedarf, den sie auch beständig einfordern, zu-

6 Wegen des ungelösten Problems der Endlagerung von radioaktivem Abfall ist die Kernenergie für die Meadows so indiskutabel, dass sie ihr nur noch zwei kurze Randbemerkungen widmen, s. ebd., S. 95 und 112. In groteskem Kontrast dazu stand die bundesrepublikanische Politik der Laufzeitverlängerung von Kernkraftwerken.

7 Volker Hauff (Hg.), *Unsere gemeinsame Zukunft. Der Brundtland-Bericht der Weltkommission für Umwelt und Entwicklung*, Greven: Eggenkamp Verlag 1987.

gesteht, so wäre die Minimalforderung gegenüber den Industrienationen, dass sie kein weiteres Wachstum zulassen. Das Gegenteil ist der Fall.

III. Wachstumspolitik und -ideologie

Wenn man sich diese ausgedehnten Diskussionen über die Grenzen des Wachstums vor Augen führt, so ist es schier unfasslich, dass Wachstum nach wie vor das A und O der Wirtschaftspolitik, vielleicht sogar der Politik im Ganzen ist. Wenn wir von »unseren Werten« sprechen, so ist Wachstum wohl der unbestrittenste von ihnen. Kein Tag vergeht, an dem nicht das Wirtschaftswachstum in den Medien besprochen wird, Wachstum begrüßt, Stagnation beklagt, Rezession als schlechthinniges Unglück hingestellt wird. Dass es der Wirtschaft gut geht, heißt: dass sie wächst. Oder umgekehrt: Wenn sie nicht wächst, heißt das, dass es ihr schlecht geht. So reden die Wirtschaftsweisen, so reden die führenden Wirtschaftsinstitute, so reden einstimmig Politiker und Gewerkschaftsfunktionäre. Wachstum ist der Indikator, an dem Wirtschaft gemessen wird.

Das Ziel Wirtschaftswachstum bestimmt zum einen die reale Politik, zum anderen dient dieses Ziel aber auch ideologisch dazu, ganz andere Dinge zu rechtfertigen. Für Ersteres ist die sogenannte Abwrackprämie ein Beispiel: Um nach der Finanzkrise von 2007/08 die Wirtschaft anzukurbeln, zahlte der deutsche Staat Autokäufern eine Prämie, wenn sie sich einen Neuwagen anschafften und gleichzeitig ihren alten PKW verschrotten ließen. Für Letzteres steht exemplarisch das sogenannte Wachstumsbeschleunigungsgesetz von 2009, das inhaltlich kaum etwas mit Wachstum zu tun hat. In einer

Zeit, in der Rezession eine ständige Gefahr darstellte, sollte mit dem Stichwort »Wachstum« lediglich ein Bündel ganz anderer Maßnahmen ideologisch gerechtfertigt werden. Diese Politik entspricht in etwa der Politik der US-amerikanischen Regierung, die nach dem 11. September 2001 die Einschränkung der Bürgerrechte unter dem Titel Patriot Act, zu Deutsch in etwa: »Vaterlands-Gesetz«, verkaufte.

Wachstum ist für die Regierung Deutschlands sogar eine gesetzlich vorgeschriebene politische Maxime. Durch das Stabilitäts- und Wachstumsgesetz von 1967 sind die Ziele »Wachstum«, »niedrige Arbeitslosigkeit«, eine »niedrige Inflationsrate« und eine »ausgeglichene Außenhandelsbilanz« als Eckpunkte jeder Politik festgelegt. Diese Ausformulierung eines Staatsziels trägt noch deutlich die Züge von Ludwig Erhards Handschrift, obgleich seine Zeit eigentlich vorüber war. Vielleicht wollte man durch dieses Gesetz auf Dauer stellen, was als Politik zu Erhards Zeit so erfolgreich war. Oder man hatte inzwischen eingesehen, dass das eine Element des Gesetzes nicht ohne das andere zu haben ist. So wurde bspw. unter dem Stichwort »Beschäftigungsschwelle« der Zusammenhang von Wirtschaftswachstum und Abbau der Arbeitslosigkeit zum Gemeinplatz: Erst ein Wirtschaftswachstum von mindestens zwei Prozent wirke sich positiv auf den Arbeitsmarkt aus. Mittlerweile ist Wirtschaftswachstum jedoch zum Legitimitätshintergrund für jede Art von Politik geworden. So dient die Bildungs- und Technologiepolitik dem Wirtschaftswachstum, weil sie Fachkräfte und technisches Know-how und Patente schafft. Die Familienpolitik ermöglicht die Einbeziehung von Frauen in den Arbeitsmarkt und soll über eine steigende Geburtenrate die langfristige Versorgung der Wirtschaft mit Humankapital sicherstellen. Die Städtepolitik und die Landschaftsplanung dienen dem Standort Deutschland.

In einem Interview aus dem Jahr 2012 bezeichnete der damalige Bundespräsident Horst Köhler sogar die Sicherheitspolitik als ein Instrument, um die Wirtschaftsinteressen unserer außenhandelsabhängigen Nation »zu wahren«. De facto mag Politik auch anderen Zielen dienen; de facto mag es auch andere Staatsziele als Wirtschaftswachstum geben; doch gegenwärtig, d. h. in einer Zeit, die durch die sogenannte Finanz- und Wirtschaftskrise geprägt ist, wird die angebliche Förderung des Wirtschaftswachstums genutzt, um alles und jedes ideologisch zu rechtfertigen. Ideologisch – weil, wie ich gezeigt habe, die Einsicht in die Probleme fortgesetzten Wirtschaftswachstums längst vorhanden ist. Und – um das in Erinnerung zu bringen – es handelt sich hier wieder um exponentielles Wachstum. Die Wachstumsprozente, mit denen die Wirtschaft gemessen wird, beziehen sich jeweils auf den Stand des vorhergehenden Jahres.

IV. Das kapitalistische System

Muss Wirtschaft wachsen, um gesund zu sein?

Wirtschaftswachstum gilt so selbstverständlich als ein Qualitätsmerkmal, dass nicht einmal Wirtschaftswissenschaftler dafür eine Begründung geben. Man muss schon deutlich werden, um überhaupt den Gedanken aufleuchten zu lassen, dass die Forderung nach Wirtschaftswachstum für eine bestimmte Wirtschaftsform charakteristisch ist. Wer darauf hinweist, dass die Subsistenzwirtschaft über Jahrhunderte in vielen Teilen der Welt gut und stabil funktioniert hat, der riskiert, sich den Vorwurf einzuhandeln, er wolle zurück in die Steinzeit. Auch wenn man die Subsistenzwirtschaft den Zeitgenossen nicht empfehlen will, so ist sie doch ein Beispiel dafür, dass es auch anders geht. Umgekehrt liegt die Vermutung nahe, dass der Zwang zu Wirtschaftswachstum ein Charakteristikum kapitalistischer Wirtschaft ist. Wie will man das zeigen?

Für dieses Vorhaben empfiehlt sich die neuerliche Lektüre der Texte von Karl Marx. Als Kritiker des Kapitalismus sieht er diesen, um mit Max Horkheimer zu sprechen, »in der Perspektive vernünftiger Verhältnisse«. Nach Marx ist der Kapitalismus durch den Antagonismus von Kapital und Arbeit bestimmt. Auf der einen Seite steht das Kapital als die Möglichkeit der privaten Verfügung über Produktionsmittel, auf der anderen Seite die Arbeiter, die nichts außer ihrer Arbeitskraft zu verkaufen haben, doch damit zugleich für den Besitzer von Geldmitteln deren Realisierung als Kapital ermöglichen.[8] Nun scheint nach Marx bereits das Bestehen von Einzel-Kapitalisten in einem Produktionssektor ein Wachstumsmotor zu sein. In der Konkurrenz versuchen sie sich hinsichtlich ihrer Kosten zu unterbieten, was sie genau dann können, wenn sie wachsen, d. h., in immer größerer Stückzahl und damit profitabler produzieren. Dieser Wachstumsprozess führt zur Verdrängung oder Übernahme von Mitbewerbern und enthält in sich eine Tendenz zum Monopol. Dieser Tendenz ist durch die Anti-Kartell-Gesetzgebung und die zugehörigen Aufsichtsbehörden im staatlich regulierten Kapitalismus inzwischen ein Riegel vorgeschoben worden. Also bleibt nur die andere Möglichkeit, um profitabler

8 Siehe das 25. Kapitel des *Kapitals* »Die moderne Kolonisationstheorie«, in dem Marx den Transfer von Produktions- und Lebensmitteln in die Neue Welt schildert, die sich aber in Ermangelung von Arbeitern nicht in Kapital verwandeln lassen. Karl Marx, *Das Kapital. Kritik der politischen Ökonomie*, in: ders., *Ökonomische Schriften*, Bd. I, herausgegeben von Hans-Joachim Lieber, Darmstadt: Wissenschaftliche Buchgesellschaft 1971, S. 928ff.

zu werden: die Verwohlfeilerung der Waren, indem die Arbeitsproduktivität gesteigert wird, etwa durch Technisierung, Automatisierung bzw. Rationalisierung des Arbeitsprozesses. Dem beliebigen Fortschreiten in dieser Hinsicht ist nach Marx ein anderer Riegel vorgeschoben, nämlich durch das sogenannte Gesetz vom tendenziellen Fall der Profitrate.[9] An dieser Stelle müssen wir, glaube ich, von Marx abweichen. Denn das Gesetz vom tendenziellen Fall der Profitrate setzt die Arbeitswerttheorie voraus, die Behauptung also, dass sich die Wertschöpfung im Produktionsprozess allein der angewendeten menschlichen Arbeit verdankt. Wenn das so wäre, würde der produzierte Mehrwert und damit der zu erwirtschaftende Profit mit dem relativen Anwachsen des in den Produktionsmitteln, sprich Anlagen, steckenden Kapitals im Verhältnis zum sogenannten variablen Kapital, d. h. der lebendigen Arbeit, beständig sinken.[10] Eine rein automatische Fabrik würde – zumindest nach ihrer Abschreibung – überhaupt keinen Mehrwert mehr produzieren. Hier versagt also die Marx'sche Werttheorie. Wir können davon ausgehen, dass der marktbedingte Zwang zur Kostenreduktion zu Wachstum führt: Die Reduktion lebendiger Arbeit im Produktionsprozess verlangt eine Erhöhung des in den Anlagen steckenden Kapitals. Allerdings betrifft dieses Wachstum nur indirekt das Wachstum des Bruttoinlandsprodukts einer Volkswirtschaft.

Dieses Ergebnis liefert einen Hinweis auf einen noch tiefer liegenden Grund für den andauernden Zwang zum Wirtschaftswachstum. Nach Marx setzt die kapitalistische Wirtschaft den Antagonismus von Kapital und Arbeit voraus.

9 Marx, *Das Kapital*, Bd. II, drittes Buch, dritter Abschnitt, S. 839ff.
10 Marx, *Das Kapital*, Bd. I, S. 732ff.

Dieser Antagonismus wirkt sich bis heute ganz manifest aus: Die Eigner von Produktionsmitteln – die Unternehmer – versuchen laufend, den Anteil der Lohnkosten zu senken, d. h., zu rationalisieren, Arbeiter freizusetzen und damit in ihrem Wirtschaften von den Arbeitern möglichst unabhängig zu werden. Auf der anderen Seite drängt die Arbeiterschaft, in der Regel vertreten durch die Gewerkschaften, ständig darauf, ihren Anteil am Gewinn des Produktionsprozesses zu erhöhen bzw. überhaupt am Produktionsprozess beteiligt zu bleiben. Dieser Kampf, der sich zunächst immer als Kampf um Löhne und die Erhaltung von Arbeitsplätzen darstellt, kann tendenziell ein echter Verteilungskampf werden. Das Wirtschaftswachstum – so können wir nun sagen – soll helfen, das zu verhindern: Einerseits erlaubt es den Unternehmern, auf moderate Lohnforderungen einzugehen, andererseits schafft es durch Ausweitung der Produktion für die wegrationalisierten Arbeitsplätze an anderer Stelle neue. Wirtschaftswachstum dient somit der sozialen Stabilität.

Damit wäre der tiefer liegende Grund für den Zwang zum Wirtschaftswachstum nicht die Marktförmigkeit der Wirtschaft, sondern der Antagonismus von Kapital und Arbeit, also ein Charakteristikum kapitalistischer Produktionsweise überhaupt. Das hieße: Will man den Zwang zum Wachstum überwinden – etwa aus ökologischen Gründen, wie die Autoren von *Die Grenzen des Wachstums* in ihrer letzten Auflage nahelegen –, so ist eine nichtkapitalistische Wirtschaftsform anzustreben.

3. Das Leistungsprinzip und das Reich der Freiheit

I. Einleitung: ein Anfang mit der Philosophie

Wenn es um das Unbehagen in der Leistungsgesellschaft geht und um mögliche Alternativen, so könnte man meinen, dass hier in erster Linie die Soziologie und die Ökonomie gefragt sind, vielleicht auch noch die Psychologie. Geht es nicht darum, die gesellschaftlichen und wirtschaftlichen Verhältnisse zu analysieren, die menschliche Befindlichkeit zu bestimmen und dafür zu sorgen, dass sich unser Verhalten ändert? Allerdings. Den Anfang mit der Philosophie zu machen rechtfertigt sich dagegen nicht nur, weil in dieser Disziplin schon früh, und zwar in Herbert Marcuses *Triebstruktur und Gesellschaft*, das Leistungsprinzip thematisiert worden ist, sondern weil im Bereich von Wirtschaft und Gesellschaft und in den zugehörigen Wissenschaften Probleme häufig in einer Weise, mit einem Vokabular und mit Begriffen thematisiert werden, die eine Lösung des Problems eher verhindern. Die mit dem Vokabular und den Begriffen transportierten Denkformen tragen das Problem über alle Lösungsansätze hinweg weiter. Das ist auch beim Thema Leistungsgesellschaft der Fall.

II. Herbert Marcuse: Triebstruktur und Gesellschaft

Herbert Marcuses Buch erschien in Deutschland zunächst 1957 unter dem Titel *Eros und Kultur*, wurde dann aber, wie schon zuvor in den USA, in den weiteren Auflagen unter dem Titel *Triebstruktur und Gesellschaft* zu einem philosophischen Bestseller. Der zuletzt genannte Titel ist dem Inhalt durchaus angemessen, wenngleich er nicht erkennen lässt, was uns heute an dem Buch interessieren sollte. Es enthält nämlich eine Analyse der Freud'schen Trieblehre, Eros und Thanatos, Libido und Todestrieb, und zwar – das ist die Pointe von Marcuses Ansatz – im Rahmen der historischen und gesellschaftlichen Entwicklung. Marcuse behauptet, Freuds Begriffe seien rein anthropologisch, sie berücksichtigten also nicht die historischen und gesellschaftlichen Entwicklungen. Das betrifft vor allem das von Freud so genannte Realitätsprinzip, welches besagt, dass sich der Mensch Triebverzicht, Aufschub der Lust und Arbeit abverlangen müsse, um vor der Realität zu bestehen, sprich: um zu überleben. Freud erwecke den Eindruck, dass dieses Überleben des einzelnen Menschen nur durch die Bedingungen der Natur bestimmt sei, es fehlten, so Marcuses Einwand, die Bedingungen der Gesellschaft. Diese erlege dem Einzelnen und seinem Trieb, sich auszuleben und sich auszudrücken, Beschränkungen auf, die weit über das Naturnotwendige hinausgingen. Tatsächlich ist man ja schon lange gewohnt, die von Freud als Über-Ich bezeichnete Kontrollinstanz im seelischen Haushalt vor allem als einen Wächter des gesellschaftlichen Comment zu sehen: Sie erzwinge die Einhaltung gesellschaftlicher Üblichkeiten. Marcuses Pointe liegt nun darin, dass es in erster Linie um die Erhaltung der Gesellschaftsstruktur als solcher ginge – und d. h. für ihn, um die Erhaltung der bestehenden Herrschaftsverhältnisse. Dieser Ausdruck mag heute etwas antiquiert anmuten, schließlich verstehen wir die gesellschaftlichen Verhältnisse kaum noch als Herrschaftsordnung. Doch der Sachverhalt, auf den Marcuse abhebt, ist unverändert. Das Leben des einzelnen Menschen steht nicht nur unter den Bedingungen der Natur, sondern auch unter den Bedingungen der Gesellschaft, so dass ihm an Triebverzicht, Lustaufschub und Arbeit mehr abverlangt wird, als es für sein physisches Überleben notwendig wäre. Das restringierende Prinzip – das Realitätsprinzip – wirke sich also in einer transformierten bzw. erweiterten Form, nämlich als Leistungsprinzip aus. Als solches führe es zu zusätzlicher Repression, es erzwinge Triebverzicht, Lustaufschub und Arbeit, die an sich, gemessen an den physischen Bedingungen des Überlebens, nicht nötig wären.

III. Leistung

Der deutsche Ausdruck »Leistung« kann das Produkt von Arbeit oder von einer sonstigen Anstrengung bezeichnen, doch in der Definition, die dem Begriff in der Physik gegeben wird, spielt die Zeit eine wesentliche Rolle: Leistung ist Arbeit pro Zeit. Wer einen Arbeitsvorgang mit dem Leistungsbegriff bewertet, der beurteilt weniger das Produkt oder dessen Güte, sondern den Prozess relativ zu der aufgewandten Zeit. Diese Perspektive enthält von vornherein eine Steigerungstendenz. Denn ein Arbeitsprodukt mag nach seinen Qualitätsmaßstäben gut sein, aber man kann immer noch fragen, ob es sich nicht schneller herstellen ließe. Die menschliche Tätigkeit wird dann also unter Effizienzgesichtspunkten betrachtet, es geht um die Arbeitsproduktivität, die Rationalität der Verrichtung, die Profitrate. Diese Sichtweise charakterisiert sehr gut, was uns an unserer gesellschaftlichen Wirklichkeit beunruhigt. Von der Arbeit bis zur Freizeit wird alles unter Effizienz- und Rationalitätsaspekten bewertet.

Nun hat Marcuse im englischen Original seines Buchs nicht den Begriff der Leistung verwendet, sondern den der *perfor-*

mance.[1] Dieser Ausdruck könnte in seinen Bedeutungen für Marcuses Vorhaben viel zu schwach sein. Er wäre nämlich im Deutschen durch »Ausführen«, »gute Ausführung« oder auch »schwierige Ausführung« zu übersetzen. Er verweist zwar schon auf eine Art Querbewertung menschlicher Tätigkeit – nicht das Resultat wird bewertet, sondern die Art der Ausführung –, er enthält jedoch nicht von sich aus den Bezug auf die Zeit und damit auf den wirtschaftlichen Zwang zur Effizienz. Vielleicht hätte Marcuse besser daran getan, von *efficiency* zu sprechen – wir wissen nicht, ob der Emigrant Marcuse sich der Differenz bewusst war. Aus dem Text geht allerdings ein Bezug zu einem anderen Leistungsbegriff hervor. Dabei handelt es sich um den von dem Soziologen Talcott Parsons eingeführten Begriff des *achievement*. Parson bezeichnet damit die moderne Gesellschaft als Leistungsgesellschaft. Während in traditionalen Gesellschaften die gesellschaftliche Stellung des Einzelnen zugewiesen (*ascribed*) wurde, vor allem auf der Grundlage des Standes, in den jemand hineingeboren worden war, werde in der modernen Gesellschaft die gesellschaftliche Stellung erworben (*achieved*), nämlich auf der Grundlage der erbrachten Leistung. Marcuses Bezug auf diese Theorie liest sich so: »Wir bezeichnen es [das transformierte Realitätsprinzip] als das *Leistungsprinzip*, um zu betonen, daß unter seiner Herrschaft die Gesellschaft entsprechend der konkurrierenden ökonomischen Leistung ihrer Mitglieder geschichtet ist.«[2]

1 Herbert Marcuse, *Eros and Civilization*, London: Routledge and Kegan Paul 1987 [1956], S. 44: »We designate it [das transformierte Realitätsprinzip] as the performance principle in order to emphasize that under its rule society is stratified according to the competitive economic performances of its members.«

2 Herbert Marcuse, *Triebstruktur und Gesellschaft. Ein philosophischer*

Diese Beziehung ist jedoch für das, was Marcuse eigentlich behauptet, irreführend. Denn das hieße nur, dass der Leistungsdruck in der Gesellschaft durch die Aufstiegskonkurrenz ihrer Mitglieder zustande käme. Fälle dieser Art mag es geben, doch in vielen Bereichen, selbst des Erwerbssektors, herrscht Leistungsdruck, obgleich gar keine Aufstiegschancen existieren. Und vor allem würde nach diesem Begriff aus dem Blick geraten, was Marcuse äußerst wichtig ist, dass nämlich das Leistungsprinzip auch in der Freizeit herrscht. Es geht ihm also vielmehr um *efficiency*: in möglichst kurzer Zeit und mit möglichst geringem Aufwand möglichst viel zu produzieren, zu konsumieren, zu erleben.

Die moderne Gesellschaft, in der unterstellt wird, man könne seinen gesellschaftlichen Rang durch *achievement* erreichen, ist die bürgerliche Gesellschaft. Das alle Bereiche beherrschende Leistungsprinzip hat seinen Siegeszug hingegen mit Frederick Winslow Taylor und dem Fordismus angetreten und durchdringt heute in Form des McKinseyanismus alle gesellschaftlichen Bereiche einschließlich des Bildungssektors, des Gesundheitssektors und der Politik im Sinne von Verwaltung. Es geht eher um *efficiency* als um *achievement*. Doch wir brauchen die Philologie in Bezug auf den Ursprungstext nicht beliebig weit zu treiben: In Deutschland hat Marcuses Buch mit dem Terminus »Leistung« jedenfalls seine Karriere gemacht.

Die bürgerliche Gesellschaft hat die Struktur der ganzen Gesellschaft bestimmt, ausgehend von der Französischen Revolution und dann auch in Deutschland durch die Destruk-

Beitrag zu Sigmund Freud, Frankfurt/M.: Suhrkamp 1978, S. 49. Das ist die deutsche Übersetzung des Zitats in der vorausgehenden Anmerkung.

tion der Ständegesellschaft im 19. Jahrhundert bis einschließlich des Ersten Weltkriegs. Was Marcuse eigentlich interessierte, war jedoch nicht die Modernisierung der Gesellschaft in diesem Sinne, sondern ihre Rationalisierung im 20. Jahrhundert, insbesondere die Veränderung, die sie in den fünfziger Jahren des 20. Jahrhunderts erfuhr.

IV. Das Reich der Freiheit

Marcuse schrieb sein Buch in einer Zeit, in der sich die amerikanische Gesellschaft zur Überflussgesellschaft wandelte. Fast zeitgleich mit Marcuses *Triebstruktur und Gesellschaft* erschien das einflussreiche Werk *Gesellschaft im Überfluß* von Kenneth Galbraith.[3] Als Überflussgesellschaft ist eine Gesellschaft zu verstehen, in der die elementaren Bedürfnisse mit Leichtigkeit befriedigt werden können, in der es also keine Not mehr gibt und der weitere Konsum zum Luxus gerät. Galbraith kritisierte die sich entwickelnde Konsumgesellschaft, weil die öffentlichen Bedürfnisse, das Gemeinwohl, die *common goods* vernachlässigt würden. Marcuse zog aus der Situation eine andere Konsequenz: Er fragte, warum nun, nachdem man das Reich der Notwendigkeit verlassen habe, nicht das Reich der Freiheit anbreche. In seiner Sprache: Warum die Restriktionen, die das Realitätsprinzip dem Menschen abverlangt hätten, nicht verringert, warum das Leben nun nicht nach dem Lustprinzip eingerichtet würde.

Die Entgegensetzung der Ausdrücke »Reich der Notwendigkeit« und »Reich der Freiheit« geht letzten Endes auf Kant

3 John Kenneth Galbraith, *Gesellschaft im Überfluß*, München: Knaur 1998.

zurück. Bei ihm ist das Reich der Freiheit allerdings nicht von dieser Welt. Diese wird nämlich von Naturnotwendigkeiten bestimmt, während der Mensch als intelligibles Wesen noch dem Reich der Freiheit angehört.

Bei Marx, von dem die Terminologie im engeren Sinne stammt, bezeichnen diese Ausdrücke Zustände der gesellschaftlichen Welt, und zwar in Abhängigkeit vom Stand der Produktivkräfte. Das Reich der Notwendigkeit ist durch Knappheit und entfremdete Arbeit, mithin Arbeit, die für den Erwerb zur eigenen Reproduktion verrichtet wird, gekennzeichnet. Demgegenüber ist das Reich der Freiheit ein gesellschaftlicher Zustand ohne Not und mit freier, nichtentfremdeter Arbeit, die zugleich gesellschaftlich unmittelbar ist. Die Autoren des Prager Frühlings haben das so verstanden, dass menschliche Arbeit nur noch kreative, allenfalls regulative Arbeit sein werde. Marx und Engels hatten jedoch offenbar noch das feudale Leben als Ideal vor Augen, als sie die berühmte Charakterisierung des Lebens im Reich der Freiheit niederschrieben: Wenn die Gesellschaft erst einmal die Produktion regelte, werde es jedem möglich sein, »morgens zu jagen, nachmittags zu fischen, abends Viehzucht zu treiben, nach dem Essen zu kritisieren«.[4] Für sie bestand die Befreiung der Arbeit in der Befreiung von Arbeit, jedenfalls von Erwerbsarbeit.

Erstaunlicherweise orientiert sich Marcuse in seinem Konzept des Reichs der Freiheit nicht an Marx,[5] sondern an Schil-

4 Karl Marx und Friedrich Engels, *Die deutsche Ideologie*, in: *Marx-Engels-Werke*, Bd. 3, Berlin: Dietz 1978, S. 33.

5 Marcuse gehört schließlich zur Schule der Kritischen Theorie, in der Marx' Kritik der politischen Ökonomie die Standardtheorie war. Man fragt sich, ob das Fehlen Marx'scher Terminologie eine Folge

lers *Briefen über die ästhetische Erziehung des Menschen*. Schiller, der die harten Entgegensetzungen bei Kant wie »Sinnlichkeit« und »Verstand« oder »Naturnotwendigkeit« und »Freiheit« in einem ästhetischen Staat versöhnen wollte, sah den eigentlich humanen Zustand des Menschen im Spiel: Der Mensch »*ist nur da ganz Mensch, wo er spielt*«.[6] Was bei Marx noch nichtentfremdete oder freie Tätigkeit heißen konnte, wird bei Marcuse vor dem Hintergrund von Schillers Essay zum Spiel. Sein Reich der Freiheit ist nicht so sehr durch die Möglichkeit einer anderen Form des Tätig-Seins bestimmt, als vielmehr durch die Zulassung von Pathischem und das hieß vor allem von Lust. Der erreichte Stand der Produktivkräfte erlaubte, wie er meinte, eigentlich eine Lockerung des Realitätsprinzips: Marcuse entwickelt eine Utopie von Triebbefriedigung, Befreiung der Sexualität und allgemeiner: der Sinnlichkeit:

> »Gerade der Fortschritt der Kultur und Zivilisation unter dem Leistungsprinzip hat einen Stand der Produktivität mit sich gebracht, angesichts dessen die Ansprüche der Gesellschaft auf Verausgabung von Triebenergie in entfremdeter Arbeit um ein Beträchtliches vermindert werden könnte[n]. Infolgedessen erscheint die fortgesetzte unterdrückende Organisation der Triebe weniger durch den ›Kampf ums Dasein‹ erzwungen als durch ein Interesse an der Verlängerung dieses Kampfes – ein Interesse der Herrschaft.«[7]

Dass Marcuse mit Schiller das Reich der Freiheit wesentlich als die Befreiung der Sinnlichkeit sah, machte sein Buch in den sechziger und siebziger Jahren zu einem Kultbuch. Es

der McCarthy-Ära ist, obgleich diese mit dem Ende des Koreakriegs sich bereits dem Ende zuneigte.

6 Friedrich Schiller, *Über die ästhetische Erziehung des Menschen*, Brief Nr. 15, Frankfurt/M.: Suhrkamp 2009, S. 64.

7 Marcuse, *Triebstruktur und Gesellschaft*, S. 129.

war die Bibel der Hippie-Bewegung, des Psychedelismus, einer Welt, in der die Libido sich endlich in Sex, Drogen und Musik ausleben konnte. Von dieser Bewegung ist heute wohl nur noch die Musik als ein Gut des Massenkonsums geblieben.

V. Die ästhetische Ökonomie

Die Leistungsgesellschaft ist also nach Marcuse der Typ von Gesellschaft, der unter den Bedingungen des Überflusses den Übergang ins Reich der Freiheit verhindert. Das Realitätsprinzip wird zum Leistungsprinzip verschärft und verlangt den Menschen weiterhin Triebverzicht, Lustaufschub und Arbeit, also ein hohes Maß an Disziplinierung ab, obgleich die ökonomischen Verhältnisse das eigentlich nicht erforderlich machten. Das Leistungsprinzip wirkt als Effizienzdenken nicht nur im Produktionssektor, sondern ebenso in der Schule und im Studium, im Gesundheitssystem und sogar im Bereich der Freizeit. Dabei ist nicht nur an die freie Zeit zu denken, die man mit Urlaub oder Muße verbringen könnte, sondern auch an alle nichtökonomischen *Tätigkeiten* wie etwa Sport, Sex oder Konsum. Dieser letzte Punkt macht in besonderem Maß deutlich, dass ein Übergang ins Reich der Freiheit im Sinne Marcuses nicht stattfindet, nicht stattfinden kann. Denn diese Bereiche sollten ja eigentlich durch die Verringerung der in entfremdeter Arbeit verbrachten Zeit von der nun möglichen Freiheit profitieren: »Erst im letzten Stadium der industriellen Zivilisation, wo das Wachstum der Produktion die durch die unterdrückende Herrschaft gesetzten Grenzen zu überfluten droht, hat die Technik der Massenlenkung eine Unterhaltungsindustrie entwickelt, die die Freizeit direkt unter Kontrolle hält, oder hat der Staat die Auferlegung solcher Kontrollen direkt übernommen.«[8]

Hier kommt Marcuse auf die Mechanismen zu sprechen, die die Menschen weiterhin an das Leistungsprinzip binden. Nach seiner – wohl im Grunde marxistischen – Auffassung geht es dabei um die Aufrechterhaltung von Herrschaft. Wer an dieser Herrschaft interessiert ist, bleibt ohne die Benennung einer herrschenden Klasse unklar; als Akteure führt Marcuse die Unterhaltungsindustrie und den Staat an. Die Beherrschten bezeichnet er unbestimmt als »Masse«. Darin äußert sich die Unterschätzung der Popmusik, die Marcuse mit verwandten Geistern seiner Generation wie Adorno und Benjamin teilt: Sie konnten sich nicht vorstellen, dass diese Musik einmal Allgemeingut werden würde. Die Frage, inwiefern die Unterhaltungsindustrie dazu dient, Herrschaftsverhältnisse aufrechtzuerhalten, lässt Marcuse unbeantwortet. Die zitierte Stelle legt nahe anzunehmen, dass sie die Massen daran hindert, politisch zu werden – eine Einschätzung, die bis heute herangezogen wird, um das Desinteresse der Jugend an der Politik zu erklären. Doch es geht gar nicht um die Frage, wieso gegebenenfalls freigesetzte Emotionen sich nicht zu politischen Emotionen wandeln, warum etwa eine Love Parade nicht zu einer politischen Demonstration wird. Dergleichen ist zu Marcuses Lebzeiten ja durchaus geschehen. Vielmehr ist die Unterhaltungsindustrie als Sektor der Konsumgüterindustrie ein Paradebeispiel dafür, wie das Leistungsprinzip immer wieder verstärkt wird: Sie erweitert nämlich die Konsummöglichkeiten der Verbraucher quasi ins Unendliche. Dabei ist nicht nur daran zu denken, dass die Lebenszeit als Hörzeit des Verbrauchers eine bedeutende Ressource darstellt,

8 Ebd., S. 52.

sondern auch daran, dass die Popmusik eine Modemusik ist und sich immerfort in rasendem Tempo verändert, und der Verbraucher folglich geradezu Mühe hat, mit seinem Konsum auf dem Laufenden zu sein. Ferner muss man an die technische Entwicklung der Musikspeicherungs- und Wiedergabegeräte denken, für die in ausgezeichnetem Maße Marx' Behauptung von der künstlichen Obsoleszenz zutrifft. Die technische Innovation zwingt den Verbraucher, lange vor der Vernutzung seiner Geräte neue anzuschaffen, um anschlussfähig zu bleiben.

Damit haben wir endlich den wahren Mechanismus identifiziert, der das Leistungsprinzip in unserer Gesellschaft aufrechterhält und immer wieder verstärkt. Man braucht dafür nicht nach anonymen Herrschenden zu fragen oder den Staat als Herrschaftsordnung anzurufen. Es sind schlicht ökonomische Interessen, die sich im Kapitalismus auswirken, wenn er durch die Entwicklung der Produktivkräfte in die Überflussgesellschaft übergeht. Ich nenne das Stadium, in das der Kapitalismus dann eintritt, *ästhetische Ökonomie*.[9] Der Kapitalismus qua ästhetische Ökonomie ist dafür verantwortlich, dass der Mensch auch im Überfluss nie zufrieden ist und sein gesamtes Dasein unter dem Gesichtspunkt von Leistung sieht. Der Übergang der kapitalistischen Gesellschaften in die Überflussgesellschaft setzt sowohl nach Marcuse als auch nach Galbraith voraus, dass es keine Not mehr gibt: Die elementaren Bedürfnisse des Menschen lassen sich ohne viel Mühe befriedigen. Wenn man sich darauf beschränken würde, so müssten die Märkte schnell gesättigt sein, und es würde kein Wirtschaftswachstum mehr geben. Nun ist aber Wachstum für kapitalistische Wirtschaften essentiell, so essentiell,

9 Siehe Kapitel 1 in diesem Buch.

dass weder ein Politiker noch ein Ökonom die Notwendigkeit von Wachstum heute infrage stellt. Ich werde das hier auch nicht tun.[10] Wachstum kann daher nur aufrechterhalten werden, wenn der Sektor der Bedürfnisse ausgeweitet wird. Dabei darf man jedoch nicht – nicht nur – an eine Vermehrung der Bedürfnisse denken, denn einerseits wären auch diese schnell befriedigt, und andererseits ist die Konsummöglichkeit des Menschen in mancher Hinsicht beschränkt, bspw. in zeitlicher Hinsicht. Deshalb wird die Konsumgüterindustrie – hier seien die Unterhaltungsindustrie und die Medien eingeschlossen – auf einen anderen Typ von Bedürfnissen setzen, den man dann besser *Begehrnisse* oder *Begierden* nennen sollte. Während Bedürfnisse im engeren Sinn, dadurch, dass man ihnen entspricht, befriedigt werden, so werden Begehrnisse, dadurch, dass man ihnen entspricht, gesteigert. So wird der Durst gelöscht, wenn man trinkt, doch das Begehren berühmt zu sein, gesehen zu werden, sich auszustatten wird dadurch gesteigert, dass man ihm entspricht. So ist ein riesiger Markt entstanden, der der Sichtbarkeit von allem und jedem dient. Die meisten Güter, die wir kaufen, sind heute nicht zum Gebrauch, sondern zur Ausstattung des Lebens gedacht. Man kann den neuen Gebrauchswert solcher Waren daher auch *Inszenierungswert* nennen: Sie dienen der Inszenierung eines bestimmten Lebensstils und unserer selbst.

Die ästhetische Ökonomie erzeugt also auf der Konsumseite eine Eskalation des Verbrauchs. Von daher werden die

10 Siehe dazu aber das Kapitel »Kritik des Wachstums« in diesem Band. Marx führt den Wachstumszwang wohl einerseits auf die Konkurrenz zwischen den Unternehmen zurück, andererseits auch darauf, dass in einer wachsenden Wirtschaft die Arbeiter immer ein »Mehr« bekommen können, so dass sie davon abgehalten werden, eine grundsätzliche Neuverteilung gesellschaftlichen Reichtums zu verlangen.

Menschen im Gefühl der Knappheit gehalten, obgleich sie im Überfluss leben. Das wirkt nicht nur auf ihr Arbeitsverhalten, ihren Berufsehrgeiz zurück: Sie wollen immer bessere Positionen, immer mehr Geld. Es stellt sich damit auch ein Mentalitätswandel ein. Die puritanischen Werte, die nach klassischen Autoren wie Max Weber für den Kapitalismus geradezu konstitutiv waren (Fleiß, Sparsamkeit, weltliche Askese), sind mittlerweile obsolet geworden. Systemgerechtes Verhalten verlangt heute in erster Linie extensiven Konsum – und das wird von der staatlichen Wirtschafts- und Steuerpolitik ideologisch unterstützt, um nicht zu sagen: erzwungen.[11]

VI. Schluss

Der Leistungsdruck, unter dem fast alle Menschen in unserer Gesellschaft leiden, wird von den Betroffenen hingenommen, weil sie ihn als notwendig ansehen. Sie sind nämlich, auch wenn sie in der Überflussgesellschaft leben, ideologisch im Knappheitsdenken befangen. Die Unternehmer agieren stets mit der Angst, sie könnten vom Markt verdrängt werden, und fühlen sich deshalb zur Rationalisierung und zum Wachstum gezwungen. Die Arbeitnehmer bangen um ihren Arbeitsplatz und fühlen sich dauernd zu Höchstleistungen getrieben. Alle Konsumenten, selbst die gut verdienenden, haben das Gefühl, zu wenig Geld zu haben, weil sie dem Konsumangebot oder – im Hinblick auf die ständige Innovation der Waren – der Konsumnotwendigkeit nur mit Mühe ent-

11 Wenn ich damit selbst den Staat bzw. die Politik als Akteur benenne, so nicht als Herrschaftsinstanz, sondern als den politischen Arm der kapitalistischen Wirtschaft.

sprechen können. In dieser Gesellschaft haben alle zu wenig Zeit, weil das Maß an notwendiger Arbeit zugleich mit dem gerade wegen dieser Arbeit notwendigen Urlaub, weil die zum Ausgleich notwendigen Fitnessmaßnahmen parallel zu den vielfältigen Hobbies und dem zeitraubenden Konsum – Reisen, Musikhören, Medienkonsum etc. – kaum noch zu bewältigen sind. Die angebotenen Möglichkeiten der Steigerung des Lebens – an Ansehen, Ausstattung, Niveau – geben den Menschen in jeder Lage das Gefühl, zu kurz gekommen zu sein bzw. umgekehrt: sich anstrengen zu müssen, um die eigene Lage zu verbessern.

Man weiß, was die offiziellen Lösungsvorschläge für diese Probleme sind: weitere Rationalisierung, Evaluation und Kontrolle, Verwohlfeilerung der Waren und vor allem Wachstum: Wachstum! Die Antwort der Philosophie dagegen lautet: Das ist falsches Denken, Ideologie. Nach Marcuse geht es den Herrschenden um Aufrechterhaltung der Herrschaft durch die Disziplinierung der Massen, auch dort, wo sie ökonomisch nicht mehr nötig ist. Nach meiner Analyse handelt es sich um die ökonomisch bedingte Verschiebung der Bedürfnisse zu Begehrnissen. Der Kapitalismus kann in der Phase der ästhetischen Ökonomie Wachstum nur noch garantieren, wenn er sich von einem System der Bedürfnisse – wie noch Hegel sagte – zu einem System der Begierden wandelt.

4. Der Geschmack des Gewöhnlichen
Über Distinktionsschicksale im Zeitalter der ästhetischen Ökonomie

I. Vorspiel

»Von diesen Räumen gingen drei auf die Straße, einer in den Hof. In den Hof ergoß sich ein Musikcafé, das belauschte ich oft, entführende Weisen. Manchmal, wenn ich nachts in mein Schlafzimmer trat, ertönte die Musik. Ich öffnete das Fenster, ich löschte das Licht. Ich stand und atmete den Laut. Lange stand ich …«

Dieses Zitat ist einem Prosastück entnommen, in dem der Dichter Gottfried Benn eine dithyrambische Meditation vorführt. Es trägt den Titel »Urgesicht«.[1] Der Herausgeber Dieter Wellershoff hat es in den Band *Prosa und Szenen* eingeordnet, obgleich es seinen Platz auch unter den autobiografischen Texten hätte finden können. Denn die Situation, in der sich die Meditation entfaltet, ist Benns Berliner Wohnung, zeitlich im Berlin der frühen Nachkriegsjahre. Der Text selbst ist ein Meisterstück Benn'scher Artistik, er entspricht dem Ideal des Glasbläsers, zu dessen Maximen, wie es im »Ptolemäer« heißt, die folgende gehört: »Blase die Welt aus Glas, als Hauch aus einem Pfeifenrohr: der Schlag mit dem du alles löst: die Vasen, die Urnen, die Lekythen – dieser Schlag ist deiner und er entscheidet.«[2]

1 Gottfried Benn, »Urgesicht«, in: ders., *Gesammelte Werke in vier Bänden*, herausgegeben von Dieter Wellershoff, Bd. 2, Wiesbaden: Limes 1962, 2. Aufl., S. 109.
2 Gottfried Benn, »Ptolemäer«, in: ders., *Gesammelte Werke in vier Bänden*, S. 232.

Nimmt man den zitierten Text als Selbstzeugnis ernst, dann scheint er in einem frappanten Gegensatz zu den Maximen Benn'scher Ästhetik zu stehen. Der Dichter als Person hingegeben trivialster Unterhaltungsmusik, als Autor beharrt er auf strengster Textfiguration. Der Dichter als Person lauscht sehnsüchtig in die Nacht und lässt sich von den Weisen eines Musikcafés entführen, löscht noch gar das Licht, um seine Hingabe zu erhöhen, er lässt sich leiblich-sinnlich von dem Sound ergreifen und durchdringen: »Ich atmete den Laut.« Der Dichter als Autor dagegen bewegt sich im Reich des Geistes, die Meditation, als Text ist sie ein amalgamierendes Spiel aus Fragmenten der Natur- und der Kulturgeschichte, eine Totalität als Netz von Signifikanten. Hier scheint eine Diskrepanz vorzuliegen, die sich jedoch sofort entschärft, wenn man den Anfang der Maxime des Glasbläsers nachträgt: »Vollende nicht deine Persönlichkeit, sondern die einzelnen deiner Werke.«[3] Noch versöhnlicher wird man gestimmt, wenn man sich daran erinnert, dass es sich um ein Topos des Prosastücks »Urgesicht« handelt, dessen Absicht es ist, die Gestalten des erfolgreichen Ohrenarztes und des früh dahingerafften Jugendfreunds – eines Taugenichts und Trunkenbolds – urgeschichtlich ins Gleichgewicht zu bringen. Und doch, der Stachel bleibt: Gottfried Benn, der Theoretiker der absoluten Lyrik, demonstriert im Privatleben einen Geschmack am Gewöhnlichen. Er freut sich am Albernen, er genießt das Vulgäre, er liebt den Kitsch.

Das Alberne, das Vulgäre, der Kitsch – wir sind bei Stichworten aus Adornos Ästhetik.

3 Ebd.

»Für sich allein würde ein verlassener Mensch auf einer wüsten Insel weder seine Hütte, noch sich selbst ausputzen, oder Blumen aufsuchen, noch weniger sie pflanzen, um sich damit auszuschmücken; sondern nur in Gesellschaft kommt es ihm ein, nicht bloß Mensch, sondern auch nach seiner Art ein feiner Mensch zu sein (der Anfang der Zivilisierung); denn als einen solchen beurteilt man denjenigen, welcher seine Lust anderen mitzuteilen geneigt und geschickt ist, und den ein Objekt nicht befriedigt, wenn er das Wohlgefallen an demselben nicht in Gemeinschaft mit andern fühlen kann. Auch erwartet und fordert ein jeder die Rücksicht auf allgemeine Mitteilung von jedermann, gleichsam als aus einem ursprünglichen Vertrage, der durch die Menschheit selbst diktiert ist; und so werden freilich anfangs nur Reize, z. B. Farben, um sich zu bemalen (Rocou bei den Karaiben und Zinnober bei den Irokesen), oder Blumen, Muschelschalen, schönfarbige Vogelfedern, mit der Zeit aber auch schöne Formen (als an Kanots, Kleidern usw.), die gar kein Vergnügen, d. i. Wohlgefallen des Genusses bei sich führen, in der Gesellschaft wichtig und mit großem Interesse verbunden: bis endlich die auf den höchsten Punkt gekommene Zivilisierung daraus beinahe das Hauptwerk der verfeinerten Neigung macht, und Empfindungen nur so viel wert gehalten werden, als sie sich allgemein mitteilen lassen; wo denn, wenn gleich die Lust, die jeder an einem solchen Gegenstande hat, nur unbeträchtlich und für sich ohne merkliches Interesse ist, doch die Idee von ihrer allgemeinen Mitteilbarkeit ihren Wert beinahe unendlich vergrößert.«[4]

Die neuzeitliche Ästhetik hat zwei Quellen, die eine im deutschen Rationalismus, die andere im englischen Sensualismus. Erstere wird in der Geschichte der Ästhetik in der Regel privilegiert, weil sie in die Ästhetik als Theorie des Kunstwerks einmündet. Es handelt sich um eine Tradition, die mit Alexander Gottlieb Baumgarten ihren Anfang nimmt und über Hegel und Adorno bis heute den Mainstream ästhetischer Theo-

4 Immanuel Kant, *Kritik der Urteilskraft*, herausgegeben von Wilhelm Weischedel, Frankfurt/M.: Suhrkamp 1974, § 41, S. 229-230.

rie bestimmt. Die andere datiert von englischen Frühaufklärern wie etwa Shaftesbury und gewinnt über Burkes *Untersuchung über den Ursprung unserer Ideen vom Erhabenen und Schönen*,[5] wie über Moses Mendelssohns ausführliche Rezension und Lessings Übersetzung dieses Buches Einfluss auf die Entwicklung der deutschen Ästhetik. Eine bedeutende Vermittlungsfunktion kommt auch dem englischen Aufklärungsorgan *The Spectator* zu, das dem deutschen Leser in der Übersetzung »der Gottschedin« zugänglich war. In dieser Tradition spielten der Geschmack und seine Bildung eine zentrale Rolle. Ihr ist die Kantische Ästhetik zuzuordnen. Sein Begriff der Urteilskraft entspricht dem von Mendelssohn eingeführten Begriff des Billigungsvermögens, das ist dessen Begriff für Geschmack. Dieser zweite Typ von Ästhetik, die Geschmacksästhetik, scheint mir die dominante Tradition der Ästhetik zu sein, insofern es um Pädagogik geht. Sie ist wesentlich verantwortlich für die Herausbildung des Bildungsbürgertums.[6] Während die Ästhetik als Theorie des Kunstwerks wesentlich zur Erstellung eines Kanons großer oder authentischer Werke – um mit Adorno zu sprechen – verantwortlich war, ging es in der Geschmacksästhetik vielmehr um die ästhetische Bildung, d. h. die Entwicklung ästhetischer Kompetenzen. Diese aber waren nicht nur kognitive Kompetenzen, sondern zugleich soziale Kompetenzen. Der Geschmack dient nämlich nicht nur dazu, Gegenstände oder

5 Edmund Burke, *Philosophische Untersuchung über den Ursprung unserer Ideen vom Erhabenen und Schönen*, Hamburg: Meiner 1989.

6 In meinen ersten Arbeiten zur Ästhetik, bspw. in *Für eine ökologische Naturästhetik*, Frankfurt/M.: Suhrkamp 1999, 3. Aufl., habe ich Adornos Ästhetik wegen ihres stark urteilenden Gestus als Geschmacksästhetik bezeichnet. Nach der obigen Einteilung ist diese Zuordnung jedoch nicht zutreffend.

Kunstwerke angemessen zu beurteilen, sondern ist das Distinktionsvermögen schlechthin, nämlich die Kompetenz der Auswahl von Dingen, mit denen man sich umgibt, der Kleidung, die man trägt, und sogar der Freunde, denen man sich zugehörig fühlen kann. Durch die Wahl der Wohnungsausstattung, der Kleidung und der Freunde passt man sich dem Stil bestimmter Gruppen, Stände, Klassen an und unterscheidet sich zugleich von anderen.

Das eingangs angeführte Zitat aus Kants *Kritik der Urteilskraft* demonstriert das sehr schön. Es stammt aus dem Paragrafen mit der Überschrift »Vom empirischen Interesse am Schönen«. Dort erlaubt sich Kant, den transzendentalen Standpunkt zu verlassen und quasi soziologisch zu werden. Aber gerade dadurch kommt der eigentliche Skopus der Kantischen Ästhetik heraus. Gebannt durch den an der Hegel'schen Ästhetik geschulten Blick hat man viel darüber gestritten, ob Kants Ästhetik primär eine Ästhetik der Natur oder eine Ästhetik der Kunst sei. Ich habe inzwischen zeigen können, dass von den Objekten her gesehen Kants Ästhetik zentral eine Ästhetik des Designs ist:[7] Es geht um Kleidung, um Tapeten, Vorgärten und Tafelmusik. Dieser Befund resultiert aber natürlich aus der Tatsache, dass Kants Ästhetik primär zur Tradition der Geschmacksästhetiken gehört. Geschmack ist für Kant allerdings ein Produkt der Kultivierung des Menschen, und er ist für ihn eine soziale Kompetenz, die Gruppenzugehörigkeit stiftet und Distinktion leistet. Zentral ist in diesem Zusammenhang der Begriff der Mitteilbarkeit bzw. der Mitteilungskompetenz. Dabei ist zu beachten, dass »mitteilen« hier nicht etwa »verbal kommunizieren« hei-

7 Gernot Böhme, *Kants Kritik der Urteilskraft in neuer Sicht*, Frankfurt/M.: Suhrkamp 1999.

ßen kann, denn es geht, wie Kant an einer Stelle kurz zuvor schreibt, um die Mitteilung von Gefühlen. »Mitteilen« bedeutet hier also so viel wie, den anderen an dem, was man fühlt, teilnehmen zu lassen. Das gelingt einem aber nicht primär durch reden, sondern indem man sich mit geschmackvollen Dingen umgibt, durch die man anderen Menschen die Gelegenheit gibt, die eigenen Präferenzen affektiv mitzuvollziehen.

Kant sieht in dieser Kultivierung des Alltags einen »Trieb zur Gesellschaft« am Werk. Dass dessen Ausbildung zugleich eine Abgrenzung von anderen leistet, kommt in dem obigen Zitat nur unzureichend heraus, weil Kant dort ganz im Einklang mit der Aufklärung die Entwicklung der bürgerlichen Klasse mit der Entwicklung der Menschheit identifiziert. So versteht er die Distinktionsleistung des Geschmacks nur als eine Abgrenzung gegenüber den Wilden. Faktisch war sie aber ebenso eine Absetzung vom vierten Stand und – mit dem auch von Kant geteilten Ideal der Urbanität – ebenso eine Absetzung von höfischen Kreisen.

Nun hat es natürlich Gruppendifferenzierung, speziell die Absetzung von Ständen und Klassen, durch das, was sich gehört, und durch das, was man trägt, schon immer gegeben. Sie waren im Sinne dessen, was Hegel die »substantielle Sittlichkeit« nennt, und durch Kleiderordnungen geregelt. Neu war im Zeitalter der Aufklärung – das muss mit der beginnenden Dynamisierung der Standes- bzw. Klassenbeziehungen zusammenhängen –, dass dem Einzelnen zugemutet wurde, diese Differenzierung selbst und immer wieder zu leisten. Dieser Prozess führte, als er einmal in Gang gesetzt worden war, natürlich zu immer feineren Differenzierungen. So hat Bourdieu im 20. Jahrhundert *Die feinen Unterschiede* für Differenzierungen von Fraktionen der herrschenden Klasse verantwortlich gemacht. Doch welche Fraktionen sind das, und warum erfolgt ihre Differenzierung auf dem Wege ästhetischer Kompetenzen, nämlich des Geschmacks? Diese Frage führt uns zu der weitergehenden: Sind die Gründe für die Ästhetisierung der sozialen Differenzierung in der ökonomischen Entwicklung zu suchen?

III. Kultur und Massenkultur

Adornos Ästhetik ist keine Geschmacksästhetik. Sie gehört vielmehr in die Hegel'sche Tradition, weil Adorno mit aller Entschiedenheit Ästhetik als Theorie des Kunstwerks und der Kunst entwickelt. Wie die Kunst ist das »große«, das »authentische« Werk autonom, und die Rezeption hat sich dem anzumessen. Und obgleich Adornos Werk durchaus reich an kunstpädagogischen Texten ist, so kann man sie doch nicht als Texte zur Geschmacksbildung lesen. Wenn er etwa Maximen für das Hören von Musik formuliert, so geht es dabei nicht um Geschmacksbildung, sondern um die Entwicklung eines dem Anspruch von Musik angemessenen Hörens. Gleichwohl ist die Adorno'sche Ästhetik durch und durch von Geschmacksurteilen getragen, von der Unterstellung eines Kanons großer Kunst bis hin zu Idiosynkrasien. Und diese Geschmacksurteile entbehren auch nicht der gesellschaftlichen Funktion, also ihrer Verwendung zur sozialen Distinktion. Man könnte auf den Gedanken kommen, daraus einen Einwand gegen die Adorno'sche Ästhetik zu konstruieren: Da sie ihre geschmacksästhetischen Anteile nicht reflektiere, verfalle sie leicht in bildungsbürgerliche Kulturkritik, könne den Charakter der zu seiner Zeit sich entwickelnden Popkunst nicht würdigen und mache schließlich die Kunst zu einer Sache ästhetischer Eliten.[8] Doch so einfach liegen die Dinge nicht, wie wir sehen werden.

Am deutlichsten wird der geschmacksästhetische Anteil bei Adorno in der Unterscheidung von Kultur und Massenkultur. Obgleich man schon hier festhalten muss, dass Adorno jedenfalls nicht von Kultur und Unkultur redet, hat der Ausdruck »Massenkultur« bei ihm doch durchweg einen pejorativen Klang. Zudem billigt er der Massenkultur weder spezifische oder gar selbstständige Kunstformen zu, noch vermag er in der Kunstrezeption *en masse* ein Verhältnis eigener Art zur Kunst zu sehen. Massenkultur ist einfach niedere und erniedrigte Kultur, Kultur, die kulturindustriell vermarktet wird.

Diese Lage und insbesondere der *dégoût* Adornos, der sich in seiner Rede von der Massenkultur ausspricht, werden besonders deutlich, wenn man sie mit Benjamins Äußerungen zur Massenkultur vergleicht. Dessen Analyse vom Verfall der Aura hat ja in dem klassischen Aufsatz über *Das Kunstwerk im Zeitalter seiner technischen Reproduzierbarkeit*[9] sein Komplement in der Lehre oder, sagen wir, der Hoffnung auf eine Massenkultur. Es ist gerade der Film, in dem die Reproduzierbarkeit sich vollendet – ein Kunstwerk ohne Original –, und es ist der Film, der Kultur als kollektives Ereignis möglich machte. Ferner werde, wie Benjamin schreibt, die Differenz zwischen Kritik und Genuss, die mit dem Fortschritt der Kunst immer größer geworden sei, aufgehoben,[10] es werde in der beiläufigen Wahrnehmung, in der Zerstreuung gerade eine neue Art der Kunstrezeption sich herausbilden, die dem Bewohnen

8 Siehe dazu die Beiträge im Heft 10 (2000) der *Zeitschrift für kritische Theorie*.

9 Walter Benjamin, *Das Kunstwerk im Zeitalter seiner technischen Reproduzierbarkeit*, Frankfurt/M.: Suhrkamp 1979, 11. Aufl.

10 Ebd., S. 33.

von Gebilden der Architektur entspreche, und schließlich trete an die Stelle der Versenkung des Betrachters in das Werk die Versenkung der Kunstwerke in die »konsumierende« Masse.[11] In diesen Äußerungen Benjamins spürt man eine ganz andere Bewertung der Massenkultur, gewissermaßen den Versuch, sie von innen her zu rechtfertigen. Sie gehören wohl auch in eine Zeit, in der Benjamin seine Solidarität mit der Arbeiterklasse konkret werden lassen wollte. Adorno sieht die Massenkultur dagegen immer von außen. Er selbst gehört jedenfalls nicht zur Masse, und es ist schon eine Reverenz – vielleicht eine Reverenz an Walter Benjamin –, die Massenkultur überhaupt als Kultur zu bezeichnen.

Doch im Prinzip wurde der Begriff der Massenkultur schon in der Ausarbeitung der *Dialektik der Aufklärung* durch Horkheimer und Adorno überwunden, indem sie nämlich von dem Begriff der Massenkultur zum Begriff der Kulturindustrie übergingen.[12] Und im Prinzip war damit auch die geschmacksästhetische Komponente überwunden, wenngleich das ein Prozess ist, der sich nur schrittweise in Adornos Schriften zur Ästhetik durchsetzt. Denn hier, in der *Dialektik der Aufklärung* war durch diese Begriffsverschiebung die Perspektive aufs Publikum durch die Perspektive auf den Umgang mit Kunst ersetzt worden. Kulturindustrie ist ein Um-

11 »Konsumierend« ist ein Zusatz von mir. Im Original lautet der Satz: »Dagegen versenkt die zerstreute Masse ihrerseits das Kunstwerk in sich« (ebd., S. 40).

12 Ein nachgelassenes Fragment, das eigentlich als Fortsetzung des Kapitels zur »Kulturindustrie« in der *Dialektik der Aufklärung* dienen sollte, trägt den Titel »Das Schema der Massenkultur«. Jetzt in: Max Horkheimer und Theodor W. Adorno, *Dialektik der Aufklärung*, in: Theodor W. Adorno, *Gesammelte Schriften*, Bd. 3, Frankfurt/M.: Suhrkamp 2003, S. 299-335.

gang mit Kunst, der im Prinzip jede Kunst betrifft und jedes Publikum erreicht. Konsequent hat Adorno später die von ihm strikt beibehaltenen Qualitätsdifferenzen sowohl von Kunstwerken als auch im Rezeptionsverhalten nicht mehr als Modi sozialer Differenzierung gesehen. In der *Einleitung in die Musiksoziologie* bspw. gibt er zwar Typen musikalischen Verhaltens an – den Experten, den Bildungskonsumenten, den emotionalen Hörer, den Ressentiment-Hörer, den Unterhaltungstypus und schließlich den Antimusikalischen –, und diese Typen lassen bereits in ihrer Benennung eine strenge normative Beurteilung erkennen, doch Adorno zögert durchaus, sie mit gesellschaftlichen Klassen und Schichten zu identifizieren.

»Untersuchungen über soziale Verteilungen und Präferenzen des musikalischen Konsums gewähren wenig Aufschluß über den Klassenaspekt«,[13] heißt es in der *Einleitung in die Musiksoziologie*. Um ein Beispiel zu zitieren: »Schwer fällt es, den Unterhaltungshörer einer bestimmten sozialen Gruppe zuzuordnen. Die eigentliche Bildungsschicht wird in Deutschland zumindest der eigenen Ideologie nach von ihm sich distanzieren, ohne daß bewiesen würde, daß die Mehrheit ihrer Angehörigen tatsächlich so viel anders hört.«[14]

Zwar erwägt Adorno noch, ob es eine Zuordnung von Musik zu gesellschaftlichen Schichten nach Graden des Anspruchs gebe: »*high brow*-Musik für die Oberklasse, *middle brow*-Musik für den Mittelstand, *low brow*-Musik für die auf der Basis der sozialen Pyramide«.[15] Doch zerfällt ihm die-

13 Theodor W. Adorno, *Einleitung in die Musiksoziologie*, in: ders., *Gesammelte Schriften*, Bd. 14, Darmstadt: Wissenschaftliche Buchgesellschaft 1998, S. 237.
14 Ebd., S. 195.
15 Ebd., S. 240.

se Hypothese sogleich durch die Reflexion darauf, dass die Kulturindustrie die entsprechenden Hörerkreise wohl gezielt mit der Musik versorge, von der man meint, dass sie ihnen entspricht.[16] Vor dem Hintergrund dieser Zweifel zeichnet sich bei Adorno aber bereits die Einsicht ab, die dann für unsere Zeit relevant sein dürfte, dass die Gruppierungen musikalischer Präferenzen quer zu den sozialen Schichten liegen. Dafür zwei Beispiele: »Einige soziale Differenzierungen innerhalb der Unterhaltungshörer sind nach ihrem Lieblingsmaterial zu erwarten.«[17] Und: »Die Jazz-Hörer sind sich untereinander uneinig, und die Gruppen pflegen ihre besonderen Varietäten.«[18]

Diese Beobachtungen widersprechen allerdings Adornos Jahre vorher lapidar formulierter These: »Der Begriff des Geschmacks selber ist überholt.«[19] Nun ist klar, dass »Geschmack« für Adorno schon immer die falsche Kategorie war, wenn es um die Beurteilung von Musik ging. In dem Text, aus dem das angeführte Zitat stammt, »Über den Fetischcharakter in der Musik und die Regression des Hörens«, fügt er sogleich hinzu: »Die verantwortliche Kunst richtet sich an Kriterien aus, die der Erkenntnis nahekommen: des Stimmigen und Unstimmigen, des Richtigen und Falschen.«[20] Doch wichtiger ist, dass er die Entwertung des Geschmacksbegriffs mit der Entwicklung der Kulturindustrie in Verbindung bringt. Nach seiner Einschätzung ist der Fetischcharakter, den die

16 Ebd., S. 241.
17 Ebd., S. 195.
18 Ebd., S. 191.
19 Theodor W. Adorno, »Über den Fetischcharakter in der Musik und die Regression des Hörens«, in: ders., *Gesammelte Schriften*, Bd. 14, Darmstadt: Wissenschaftliche Buchgesellschaft 1998, S. 14.
20 Ebd., S. 14.

Musik im fortgeschrittenen Kapitalismus erhält, dafür verantwortlich, dass »nicht mehr gewählt«[21] wird. Diese Behauptung ist paradox, wenn sie sich gerade daraus ergeben soll, dass »das gesamte gegenwärtige Musikleben [...] von der Warenform beherrscht« wird.[22] Wenn Musik unterm Regime der Kulturindustrie zur Ware wird, also zum Konsumgut, dann – so sollte man meinen – wird doch sehr wohl gewählt. Sieht man genauer hin, dann erklärt sich das Paradox durch eine Wahrnehmung Adornos, die zugleich eine Charakterisierung des Standes des Kapitalismus ist: »Setzt die Ware allemal sich aus Tauschwert und Gebrauchswert zusammen, so wird der reine Gebrauchswert, dessen Illusion in der durchkapitalisierten Gesellschaft die Kulturgüter bewahren müssen, durch den reinen Tauschwert ersetzt, der gerade als Tauschwert die Funktion des Gebrauchswertes trügend übernimmt.«[23]

Diese Usurpation der Rolle des Gebrauchswertes durch den Tauschwert bezeichnet Adorno in dem genannten Text als den »Fetischcharakter der Musik«. Sie wird von Adorno in zweierlei Weise beschrieben. Zum einen gefalle dem Konzertbesucher ein Konzert, weil er es sich leisten kann und leistet. Zum anderen erhielten die Musikstücke – und zwar bis hin zur Symphonie, für den Jazz hatte Adorno das schon immer behauptet – ihren Charakter in der Aufführung wesentlich durch das Arrangement. Ersteres können wir rückblickend als »Musik als Statussymbol«, Letzteres als Dominanz der »Warenästhetik« bezeichnen. Doch das sind Formulierungen, die erst etwa zehn Jahre später bei Jean Baudrillard und Wolf-

21 Ebd., S. 14.
22 Ebd., S. 24.
23 Ebd., S. 25.

gang Fritz Haug theoretische Dignität erhalten werden.[24] Adorno sieht sich aber bereits mit einer Situation konfrontiert, in der die Kulturindustrie nicht mehr nur Kultur für die Massen produziert – das waren für Adorno im Wesentlichen Film und Jazz –, sondern total geworden ist, also die Kultur im Ganzen bestimmt. Unter diesem Eindruck schrieb er, der Begriff des Geschmacks sei obsolet geworden, weil es eine Wahl ohnehin nicht mehr gebe. Eine Wahl – müssen wir jetzt präzisieren –, die sich an der Sache und nicht an ihrem Preis oder ihrer Aufmachung orientiert.

Es könnte sein, dass diese Einschränkung des Geschmackbegriffs – als Geschmack gilt nur, was sich an dem intrinsischen Wert eines Kunstwerks, nicht an seiner Inszenierung orientiert – Adorno daran gehindert hat, die Wandlung der sozialen Funktion des Geschmacks theoretisch zu würdigen und die zugrunde liegende ökonomische Entwicklung zu erkennen. Oder aber: Letztere war zu seinen Lebzeiten noch nicht hinreichend manifest. Ich meine die Entwicklung von der Kulturindustrie zur ästhetischen Ökonomie. Bevor ich mich jedoch diesem Thema zuwende, möchte ich einen für Adorno viel fundamentaleren Grund besprechen, der Geschmack als Moment sozialer Distinktion illusorisch erscheinen lässt. Es geht darum, dass nach Adorno *authentischer* Kunst gerade ihr kultureller Antipode, das, was man Kitsch, das Alberne, das Vulgäre nennt, also das, was man dem Geschmack der Masse zuspricht, immanent ist. Wenn das der Fall ist, kann man, kann Adorno natürlich den Geschmack

24 Von »Statussymbol« spricht Adorno allerdings selbst schon, nämlich in seinem Eröffnungsvortrag zum Soziologentag 1968: Theodor W. Adorno, »Spätkapitalismus oder Industriegesellschaft?«, in: ders., *Gesammelte Schriften*, Bd. 8, Darmstadt: Wissenschaftliche Buchgesellschaft 1998, S. 362.

am Gewöhnlichen nicht mehr als Distinktionsmerkmal des Geschmacks der Gewöhnlichen akzeptieren.

IV. Das Alberne, der Kitsch, das Vulgäre

Man hat Adorno Elitismus vorgeworfen, und in der Tat sind seine Urteile herb und lassen keine Spielräume zu. Seine beständige Rede von hoher und authentischer Kunst scheint zudem eine Exklusivität anzudeuten, die die *Ästhetische Theorie* zur Tautologie werden zu lassen droht. Bei solcher Einschätzung wird aber das Dialektische seiner Ästhetik übersehen, allgemein gesagt, seine Absetzung vom L'art pour l'art und dem Klassizismus im Besonderen. Die Differenz wird durch Adornos entschiedener Zuwendung zur künstlerischen Moderne gesetzt, d. h. die Entwicklung der Kunst seit Baudelaire und Rimbaud. Mit Blick auf Adornos Modernität im Ästhetischen könnte man versucht sein, bei ihm eine Differenz von hoher und authentischer Kunst zu suchen. Authentische Kunst hat etwas Raues,[25] etwas, das an den Kunstwerken der Glätte widersteht, zu der die vom Formalen oder, wie Adorno sagt, vom Konstruktiven her zu fordernde Stimmigkeit führen kann. Der Grund dafür liegt im Mimetischen.

Der Begriff der »Mimesis« ist in der Ästhetik uralt, theoretisch kommt ihm bereits bei Platon eine zentrale Rolle

25 Das ist ein Ausdruck von Roland Barthes. Dessen Aufsatz »Die Rauheit der Stimme«, in: Karlheinz Barck et al. (Hg.), *Aisthesis. Wahrnehmung heute oder Perspektiven einer anderen Ästhetik*, Leipzig: Reclam 1990, S. 299-309, wäre durchaus im Sinne Adorno'scher Mimesis zu lesen. Bedauerlich, dass Adorno selbst das seiner Theorie Entsprechende im Jazz nicht hat wahrnehmen können.

zu.[26] Adornos Begriff der Mimesis steht in dieser Tradition, ist aber in gewisser Weise konträr zu ihr. Das griechische Wort μιμεισθαι bedeutet »darstellen«, und »darstellen« kann, wie Platon im Dialog *Sophistes* erläutert, auch etwas »ähnlich machen« heißen: Es gibt die εικαστικη τεχη. Bei Adorno erhält der Ausdruck »Mimesis« jedoch explizit die Bedeutung von »*Sich*-ähnlich-Machen«:[27] Die Kunst versucht in der Mimesis sich dem Vorkulturellen, dem Nicht-Identischen, dem Vorrationalen anzuähneln. Ihr fällt seit der *Dialektik der Aufklärung* die Rolle zu, das, was in unserer Zivilisation verdrängt und unterdrückt ist, in sich aufzunehmen, und ihm gegen den Druck der Zivilisation Geltung zu verschaffen. Es ist diese, die antizivilisatorische Bewegung von Kunst, die sie in der Moderne als authentische qualifiziert. Die Kunst nimmt so bei der Aufrechterhaltung ihrer internen Qualitätsmaßstäbe die Widersprüchlichkeit der Gesellschaft in sich auf. Es ist kein Wunder, dass solche Kunst die Spuren ihres Anderen an sich tragen wird. Als solche erscheint es als das Alberne, aber auch als das Kitschige, unter Umständen sogar als das Vulgäre. Die damit bezeichnete Dialektik findet sich überall in Adornos Werk, am konzentriertesten vielleicht in einer Textpassage der *Ästhetischen Theorie*, die die Herausgeber mit »Das Mimetische und das Alberne« überschrieben haben.[28]

26 Siehe dazu das Kapitel »Ein Anfang mit Platon« in meinem Buch *Theorie des Bildes*, München: Fink 1999, 2. Aufl.

27 Zur Beziehung von »Mimesis« zu »Mimikry« und »Mimese« siehe Gunzelin Schmid Noerr, *Das Eingedenken der Natur im Subjekt. Zur Dialektik von Vernunft und Natur in der Kritischen Theorie Horkheimers, Adornos und Marcuses*, Darmstadt: Wissenschaftliche Buchgesellschaft 1990, S. 148, Anm.

28 Theodor W. Adorno, *Ästhetische Theorie*, in: ders., *Gesammelte Schriften*, Bd. 7, Darmstadt: Wissenschaftliche Buchgesellschaft 1998, S. 180-182.

Ich werde mich im Wesentlichen auf diese Textpassage konzentrieren und beginne mit folgendem Zitat:

> »Die Rationalität der Kunstwerke wird zu Geist einzig, sofern sie untergeht in dem ihr polar Entgegengesetzten. Die von keinem Kunstwerk zu schlichtende Divergenz des Konstruktiven und des Mimetischen, gleichsam die Erbsünde des ästhetischen Geistes, hat ihr Korrelat an dem Element des Albernen und Clownshaften, das noch die bedeutendsten in sich tragen und das nicht Zuzuschminken ein Stück ihrer Bedeutung ist.«[29]

Man mag es bedauern, dass Adorno überhaupt mit dem belasteten Begriff des Geistes arbeitet – der Terminus charakterisiert die Zugehörigkeit seiner Ästhetik zur Hegel'schen Tradition. Doch er kritisiert Hegel ausdrücklich, wenn er feststellt: »Eigentlich hat er in der Ästhetik dem mimetischen Moment den Zutritt verweigert.«[30] Das wäre freilich Hegel auch nicht beigefallen. Für ihn ist die Kunst ein Moment in der Epiphanie des Geistes – der Geist kommt erst durch Kunst zu sich selbst. Adorno dagegen geht nach der *Dialektik der Aufklärung* von einer Entzweiung von Natur und Geist aus, wonach ihm Geist der rationale Kultur- und Bildungsbetrieb ist. Im angeführten Zitat billigt Adorno allerdings den Titel »Geist« dem, was an Kunstwerken bewusste Gestaltung ist – von ihm sonst auch das Konstruktive genannt –, nur zu, »wofern [es] untergeht in dem [ihm] polar Entgegengesetzten«. Diese Bewegung kann aber immer nur eine Tendenz sein, absolut gesetzt würde sie ihr Ziel verfehlen. Denn dieses Entgegengesetzte, für sich genommen, ist das Schlechte, die repressive, leidvolle Realität. Das gilt bei Adorno für

29 Ebd., S. 180f.
30 Ebd., S. 224.

die gesellschaftliche Realität.[31] Sich ihr gänzlich anzupassen wäre »vulgär«.

In diesem Ausdruck hört Adorno durchaus die Bedeutung des lateinischen *vulgus*, der große Haufen, das Volk. Vulgär ist die Kulturindustrie, insofern sie sich dem Geschmack der Massen anpasst. Doch um die Masse als ihrem Entgegengesetzten, um die Unterdrückung der vielen soll es authentischer Kunst gerade gehen. Deshalb kann sie nicht sein, ohne das Vulgäre in gewissem Sinne in sich aufzunehmen. Freilich gilt: »Nur verstümmelt repräsentiert das Vulgäre das von der sogenannten hohen Kunst draußen gehaltene Plebejische. Wo jene von plebejischen Momenten ohne Augenzwinkern sich inspirieren ließ, hat sie eine Schwere gewonnen, die das Gegenteil des Vulgären ist.«[32] Im Folgenden gibt Adorno dann Beispiele des Vulgären, »das die Kunst des emanzipatorischen Bürgertums«, wie er sagt, »zuweilen genial im Zaum hielt«: ihre Clowns, Diener und Papagenos.[33] Vielleicht hätte er Woyzeck erwähnen sollen, um zu sagen, was ihm wirklich vor Augen war.

Die Differenz von Kultur und ihrem Anderen bleibt also im Kunstwerk erhalten, muss im Kunstwerk erhalten bleiben, wenn es den Bedingungen der Moderne genügen soll. Sie bleibt im Kunstwerk, wie es im angeführten Textstück heißt, erhalten als die nicht »zu schlichtende Divergenz des Konstruktiven und des Mimetischen«. Und nun die entscheidende Feststellung: Sie »hat ihr Korrelat an dem Element des Alber-

31 Die Natur qua äußere Natur ist, gerade weil Adorno nicht ansteht, das Naturschöne zu rehabilitieren, ausgenommen. Das bedeutet aber für ihn gerade, dass sie kein adäquates Sujet für moderne Kunst sein kann.

32 Ebd., S. 356.

33 Ebd., S. 356.

nen und Clownshaften«.[34] Diese Formulierung lässt an die Rolle des Narren im altdeutschen Theater denken. Der Narr ist der Querdenker, der durch seine Torheit in der Enge bürgerlicher Sozialstruktur eine Art höhere Weisheit verkörpert. Unverkennbar auch die Anspielung auf die biblische Formulierung, nach der die Christen der Welt als Toren erscheinen müssen. In der Fortführung des Textes bei Adorno wird dieser Terminus auch umgehend auftauchen. Ebenso wie der des Kindischen. In jedem Fall will Adorno festhalten, dass durch die Bewegung der Mimesis – hin auf das Nicht-Identische – im Kunstwerk selbst die Differenz in Erscheinung tritt, die durch die Konfrontation von Kunst und Realität gegeben ist. Das braucht aber keineswegs zu heißen, dass das Alberne als Clown im Kunstwerk einen besonderen Repräsentanten hat. Vielmehr ist es unter Umständen eine Sache der Perspektive, es überhaupt zu gewahren. Es kann auch darin bestehen, dass die Ordnung des Kunstwerks zu einer Parodie der Ordnung der Welt wird, und deshalb die eine Ordnung je aus der Perspektive der anderen albern erscheint: »Das Alberne an der Kunst, das die Amusischen besser gewahren, als wer naiv in ihr lebt, und die Torheit der verabsolutierten Rationalität verklagen sich gegenseitig«.[35]

Das Alberne an der modernen Kunst ist gerade Resultat ihres Ernstes, ihrer Zuwendung zu dem, was die klassische Kunst aus sich ausschloss. Adorno identifiziert in dem Lachen, das es im Betrachter auszulösen mag, die Wiedererkennung des Verdrängten. Er schildert es als überraschendes, als perplexes Glück. Mit Bezug auf die Gestalt des Clowns, der ja in der zitierten Passage dem Albernen beigesellt war, heißt

34 Ebd., S. 180.
35 Ebd., S. 181.

es: »Nicht so durchaus ist der Gattung Mensch die Verdrängung ihrer Tierähnlichkeit gelungen, daß sie diese nicht jäh wiedererkennen könnte und dabei von Glück überflutet wird«.[36]

Das Alberne in und an der Kunst verdankt sich also der mimetischen Zuwendung zu ihrem Anderen. Das ist nicht anders beim Kitsch. Hier ist allerdings Mimesis in einem weiteren Sinne zu nehmen, einem, der nicht auf moderne Kunst zugeschnitten ist. Auch klassische Kunst enthielt schon immer eine Zuwendung zum Anderen des Geistes, indem sie nämlich, um mit Hegel zu sprechen, die Idee zum Scheinen zu bringen trachtete. In diesem Sinne sagt Adorno gelegentlich, alle Kunst enthalte eine Tendenz zum Suaven, also zum Süffigen, und die Norm der Stimmigkeit eine Tendenz zur Glätte. Schon diese Feststellungen rechtfertigen den Satz Adornos: »Kunst impliziert im Begriff den Kitsch«.[37] Freilich im »Begriff«, und d. h. für Adorno nicht, jedes einzelne Kunstwerk sei auch irgendwie Kitsch, es bedeutet aber, dass die Dialektik der Kunst zum Kitsch führen kann, man sollte wohl besser sagen: die Dialektik von Kunst und Gesellschaft. Nur so kann es Kunstwerken des Klassizismus und des L'art pour l'art widerfahren, zu Kitsch zu werden: Sie erweisen sich als besonders geeignet, in der Gestalt von Waren aufzutreten. Damit hat Adorno ausgesprochen, dass es Kitschiges an sich nicht gibt, sondern durchaus Werke der hohen Kunst zu Kitsch werden können. Wenn er zum Beispiel Hotelbilder als Prototypen des Kitsch nennt,[38] hat er zwar sehr wohl die üblichen Reproduktionen von Naturschönheit vor Augen,

36 Ebd., S. 182.
37 Ebd., S. 181.
38 Ebd., S. 105.

nach seiner Theorie dürfte er aber heute nicht überrascht sein, die Werke des Impressionismus – ursprünglich Prototypen des Bürgerschrecks – und sogar van Goghs als Hotelbilder fungieren zu sehen. Es ist die Kulturindustrie, die diese Transformation zuwege bringt. Freilich gibt es für Adorno auch immer einen Anhalt für deren Zugriff in den Werken selbst, und dies ist gerade, wie Adorno schreibt, »das mimetische Residuum in der Kunst«.[39] Kunst, meint er, solle sich diesem Zugriff versagen, indem sie, wie es in Bezug auf das Vulgäre hieß, »es im Zaum hält«, oder wie Adorno hier allgemein in Bezug auf das Residuum des Mimetischen in der Kunst sagt, es sublimiert bzw. seinen Status als Residuum reflektiert. Freilich muss Adorno zugeben, dass er mit diesen Forderungen am traditionellen sozialen Status von Kunst festhält.

Ich gebe das Textstück, auf das sich die letzten Ausführungen beziehen, im Ganzen:

> »Albernheit ist das mimetische Residuum in der Kunst, Preis ihrer Abdichtung. Der Philister hat gegen sie immer auch ein schmähliches Stück Recht auf seiner Seite. Jenes Moment, als Residuum ein formfremd Undurchdrungenes, Barbarisches, wird zugleich in der Kunst zum Schlechten, solange sie es nicht gestaltend in sich reflektiert. Bleibt es beim Kindischen und läßt es womöglich als solches sich pflegen, ist kein Halten mehr bis zum kalkulierten fun der Kulturindustrie. Kunst impliziert im Begriff den Kitsch, mit dem sozialen Aspekt, daß sie, gehalten, jenes Moment zu sublimieren, Bildungsprivileg und Klassenverhältnis voraussetzt; dafür ereilt sie die Strafe des fun.«[40]

»Albern«, »Kitsch«, »vulgär« sind Termini eines bildungsbürgerlichen *dégoût*. Wenn Adorno es unternimmt, sie als innere Bestimmungen von Kunst selbst zu erweisen, gar als Insignien

39 Ebd., S. 181.
40 Ebd., S. 181.

des Authentischen in moderner Kunst, so ist das zugleich der heroische Versuch des Bildungsbürgers, mit der Avantgarde der Kunst die Klassenschranken zu überschreiten. Das kann nur paradox gelingen. Was als soziales Distinktionsverhältnis, nämlich als Abgrenzung von Klassen und Schichten durch Geschmackskriterien fungierte, nimmt Adorno in den Kunstbegriff selbst hinein. Die gesellschaftlichen Gegensätze werden, das ist seine Meinung oder besser gesagt seine Hoffnung, in der Kunst selbst ausgetragen und wenigstens hier versöhnt. Damit das gelingen kann, muss die Kunst aber gerade gegen den Zugriff der Kulturindustrie, die auf ihre Weise die Einebnung der Klassengegensätze betreibt, verteidigt werden. Eine kaum zu erfüllende Forderung. Denn dafür müsste das mimetische Moment so spröde oder so reflexiv gemacht werden, dass es dann wiederum nur noch der Bildungsschicht zugänglich wäre. So erweist sich Adorno solidarisch mit dem Klassengegensatz im Zeitalter seiner Auflösung.

V. Kulturindustrie und Ästhetische Ökonomie

Horkheimers und Adornos Konzept der Kulturindustrie war ein bedeutender Schritt in Richtung einer kritischen ästhetischen Theorie. Zwar ist Ästhetik selbst eine Disziplin der Kritik, doch als solche hatte sie ökonomische Bedeutung nur für den Kunstmarkt, sie war keine kritische Thematisierung der Rolle und Funktion der Kunst in der Gesellschaft. Für eine solche Ästhetik könnte man nun durchaus auch Vorläufer finden, so in der Theorie der Mode von Christian Garve über Georg Simmel bis zu Roland Barthes oder in dem Konzept der *industries de plaisance* im *Passagen-Werk* Walter Benjamins.[41] Überhaupt dürfte Benjamin für die ökonomische Wende der Ästhetik bei Horkheimer und Adorno Wesentliches beigetragen haben. Jedenfalls schreibt Adorno, dass seine Arbeit über den »Fetischcharakter in der Musik« als Antwort auf Benjamins Kunstwerk-Aufsatz gedacht gewesen sei.[42] Hier findet sich ja auch das Diktum vom Ende des Geschmacks einerseits und vom Musikkonsum als Distinktionsmerkmal für Gruppen andererseits. Gleichwohl setzt die *Dialektik der Aufklärung* die damit eingeleitete Entwicklung nicht fort, sondern verharrt mit dem Begriff der Kulturindustrie gewissermaßen in einem Schwebezustand. Es ist der Zustand des Kapitalismus, in dem er noch expandieren kann, in dem er noch nicht ökonomisierte Bereiche unter sein Regime bringt, »noch«, d. h., bevor er sich selbst wandeln muss. Dies sind die Ressourcen, die Adorno neben der Technologieentwicklung im Auge hatte, die Ressourcen, von denen er in seinem Vortrag auf dem Soziologentag 1968 sagt, dass sie »den Zusammenbruch [des Kapitalismus] ad Kalendas Graecas aufzuschieben gestatten«.[43] Unter der Perspektive der Entwicklung der Produktivkräfte sieht er die Entwicklung als Totalisierung der industriellen Produktionsweise. Als Beispiel solcher Industrialisierung fungiert auch hier noch die Kultur. Zunächst geht es Adorno also um nichts anderes als die Expansion des Kapitalismus. Darüber hinaus ahnt er jedoch einen Wandel des Kapitalismus, insofern er

41 Walter Benjamin, »Paris, capitale du XIXème siècle«, in: ders., *Das Passagen-Werk*, in: *Gesammelte Schriften*, Bd. V 1, Frankfurt/M.: Suhrkamp 1991, S. 60.

42 Theodor W. Adorno, *Dissonanzen*, Vorrede zur dritten Ausgabe, in: ders., *Gesammelte Schriften*, Bd. 14, Darmstadt: Wissenschaftliche Buchgesellschaft 1998, S. 10.

43 Adorno, »Spätkapitalismus oder Industriegesellschaft?«, S. 355.

nämlich auf dem System der Bedürfnisse aufruht. Unter der Perspektive der Marktsättigung muss das System der Bedürfnisse selbst verändert werden. Adorno formulierte das so:

> »Aber die Gebrauchswertseite der Waren hat unterdessen ihre letzte ›naturwüchsige‹ Selbstverständlichkeit eingebüßt. Nicht nur werden die Bedürfnisse bloß indirekt, über den Tauschwert, befriedigt, sondern in wirtschaftlich relevanten Sektoren vom Profitinteresse selber erst hervorgebracht [...]. Im Bereich des nicht zur nackten Lebenserhaltung Notwendigen werden tendenziell die Tauschwerte als solche, abgelöst, genossen«.[44]

Das ist die Entwicklung, die Adorno hier schon mit dem Terminus »Statussymbol« charakterisiert und die wir mit Adorno als Tendenz zum »Arrangement« als zentralem Moment musikalischer Aufführung bezeichnet haben.

In diesen Jahren schreibt Jean Baudrillard sein Buch über die *économie du signe*[45] und Wolfgang Fritz Haug seines zur Warenästhetik.[46] Dadurch wird ein Umschlag der Ökonomie markiert, nachdem das Ästhetische nicht mehr nur ein Gegenstand industrieller Produktion ist, sondern die Ökonomie selbst ergreift, und die Waren nicht mehr nur über ihren Tauschwert genossen werden, sondern sich vielmehr ein neuer Werttyp herausbildet, der Gebrauchswert und Tauschwert zusammenschließt, der Inszenierungswert. Ich charakterisiere diese Entwicklung als den Umschlag von der Kulturindustrie in die *ästhetische Ökonomie*.[47]

44 Ebd., S. 361 f.

45 Jean Baudrillard, *Pour une critique de l'économie politique du signe*, Paris: Gallimard 1972.

46 Wolfgang Fritz Haug, *Kritik der Warenästhetik*, Frankfurt/M.: Suhrkamp 1977, 6. Aufl.

47 Siehe dazu das Kapitel »Zur Kritik der ästhetischen Ökonomie« in diesem Band.

Es ist das Verdienst von Haug, gezeigt zu haben, dass im fortgeschrittenen Kapitalismus der Tauschwert der Ware eine eigene, eine ästhetische Qualität anhängt. Es ist die Aufmachung, das Arrangement würde Adorno sagen, das der Ware auf dem Markt seine Attraktivität verleiht. Die Phase der ästhetischen Ökonomie zeichnet sich nun dadurch aus, dass die ästhetische Erscheinung der Ware nach dem Kauf nicht etwa als Verpackung weggeworfen wird und die Ware nur noch durch ihren Gebrauchswert in Erscheinung tritt (so hat Haug die Verhältnisse noch gesehen). Vielmehr gebiert die Warenästhetik einen neuen Gebrauchswert, nämlich den Inszenierungswert. Das bedeutet auch nicht bloß, dass die Waren als Tauschwerte genossen werden – dafür brauchte man ja nur das Preisschild an der Ware zu belassen –, sondern dass ihre Ästhetik, die Warenästhetik, im Lebenszusammenhang zur Inszenierung des Lebens fungiert. Der Kapitalismus ist als ästhetische Ökonomie zu bestimmen, insoweit er wesentlich ästhetische Werte produziert, d. h. solche Waren, die zur Inszenierung des Lebens dienen. Die Ästhetik, die von der Kulturindustrie vereinnahmt werden sollte, hat nun ihrerseits die Regie in der industriellen Produktion übernommen.

Diese Entwicklung gründet in einer tiefgehenden Veränderung im System der Bedürfnisse. Wenn von Smith über Hegel zu Marx der Kapitalismus noch als eine Ökonomie der Knappheit zur Befriedigung der Bedürfnisse definiert wurde, so bahnte sich bei Schumpeter, Veblen, Bataille längst eine andere Sicht an: Der Kapitalismus könnte seinem Wesen nach eine Ökonomie der Verschwendung sein. In dem Moment der realen Entwicklung jedoch, in dem die Bedürfnisse zur nackten Lebenserhaltung – wie Adorno sich ausdrückt – grundsätzlich befriedigt sind, muss der Kapitalismus, um sein notwendiges Wachstum zu realisieren, auf einen anderen Typ von Bedürfnissen setzen. Ich nenne sie zum Unterschied *Begehrnisse*. Es sind solche Bedürfnisse, die dadurch, dass man ihnen entspricht, nicht gestillt sind, sondern vielmehr gesteigert werden. Ein Beispiel ist das Begehren, gesehen zu werden – kein triviales Beispiel, weil an ihm ein Großteil der immer wachsenden Bildindustrie hängt. Wer gesehen wird, möchte noch sichtbarer werden, prächtiger in Erscheinung treten und von noch mehr Leuten wahrgenommen werden. Der Kapitalismus in der Phase der ästhetischen Ökonomie setzt auf die Begehrnisse. Es ist ein Kapitalismus, der sich jenseits der Befriedigung der elementaren Bedürfnisse entwickelt und der unendlichen Steigerung und Inszenierung des Lebens dient.

Die ästhetische Ökonomie impliziert nun eine Wiederkehr des Geschmacks als sozialer Distinktionsstrategie. Adorno hatte recht mit seiner Analyse, nach der Geschmack im klassischen Sinne mit der Kulturindustrie obsolet geworden war: Die ästhetische Wahl von Dingen hat nicht mehr, wie ich es für die bürgerliche Gesellschaft am Beispiel Kants gezeigt habe, die Kultivierung des Menschen und damit die Etablierung einer sozialen Rangfolge zum Zweck. Aber über den Tauschwert, über Arrangement und Statussymbol wurden doch weiterhin Klassen- bzw. Schichtgrenzen markiert. In der Phase der ästhetischen Ökonomie, mithin von der Entfaltung der Konsumgesellschaft bis in unsere Gegenwart, gewinnt jedoch der Geschmack erneut eine Bedeutung für soziale Distinktionen. Nur verlaufen die Abgrenzungen nun nicht mehr zwischen vertikal angeordneten Schichten oder Klassen, sondern horizontal zwischen Gruppen aus den jeweils selben Schichten oder sie grenzen gar Gruppen voneinander ab, die schon gar nicht mehr einer Schicht zuzuordnen sind. Für Ersteres sind die Untersuchungen von Pierre Bourdieu über *Die feinen*

Unterschiede[48] charakteristisch. Diese feinen Unterschiede distinguieren nicht mehr Schichten oder Klassen, sondern vielmehr Fraktionen innerhalb der herrschenden Klasse. Für das Letztere sind vor allem die Fraktionen der Jugendkultur charakteristisch, die sich über Musik-Präferenzen und Kleidungsstile und Brands abgrenzen. Hier ist an die Hip-Hopper, die Raver, die Punks, die Gothic-Anhänger zu denken. Und für diese Gruppierungen gilt, dass sie nicht mehr Gruppierungen innerhalb einer Schicht oder Klasse sind. Ferner ist für die Auflösung von Hierarchien durch diese neuen Formen ästhetischer Distinktion bezeichnend, dass der Nachahmungseffekt nicht mehr in einer gesellschaftlichen Hierarchie von oben nach unten verläuft. War die Kultivierung oder wie Norbert Elias sagt: *Der Prozeß der Zivilisation* noch wesentlich dadurch angetrieben, dass die niederen Klassen oder Stände die jeweils höheren nachzumachen trachteten, so ergibt sich in der ästhetischen Ökonomie ein durchaus anderes Bild: Hier fungieren sogenannte marginale Gruppen, also etwa die Punks, als modische Trendsetter. Der Mechanismus ist einfach: Die Konsumindustrie greift Distinktionsmerkmale einer Gruppe auf, macht sie zur Ware und stellt sie damit jedermann zur Verfügung, worauf dann die Gruppe neue Distinktionsmerkmale – also durch Aufmachung, Musikpräferenz, Körpergebaren – erfinden muss. Was im Zeitalter der Aufklärung angefangen hat, nämlich dass der einzelne Mensch sich nicht mehr auf seine soziale Distinktion als auf etwas Gegebenes, Ererbtes verlassen kann, sondern sie zum Thema der Selbstsorge machen muss, ist im Zeitalter der ästhetischen Ökonomie zum allgemeinen Distinktionsschicksal geworden:

48 Pierre Bourdieu, *Die feinen Unterschiede. Kritik der gesellschaftlichen Urteilskraft*, Frankfurt/M.: Suhrkamp 1982.

Jedermann muss sich durch Ausbildung ästhetischer Präferenzen in seiner Zugehörigkeit zu sozialen Gruppierungen definieren.

5. Fortschritte der Warenästhetik

1. Die Gläserne Manufaktur

»Manufaktur« – ein Signifikant, der auf vorindustrielle Produktionszusammenhänge verweist, nämlich auf eine Verbindung von Massenproduktion und Handwerk, die Gediegenheit der Arbeit garantierte und dem Einzelstück seine Seele ließ. Das eben verspricht das Einzelhandels- und Versandunternehmen Manufactum, ein Geheimtipp für den Konsumenten der gehobenen Klasse, der nostalgisch und materialbewusst das Besondere will: einen Fleischwolf wie zu Omas Zeiten, ein Wiegemesser, einen Gurkenhobel.

Und »Gläserne Manufaktur« hat der Volkswagenkonzern das Werk genannt, in dem eines seiner Nobel-Modelle produziert wird. »Phaeton« heißt dieser Wagen, und es scheint, dass sich die Marketingleute bei VW dessen bewusst waren, dass Phaeton im griechischen Mythos der Sohn des Sonnengottes ist. Dass er jedoch, ehrgeizig und unerfahren, wie er war, mit dem Sonnenwagen abstürzte, wussten sie nicht oder es war ihnen kein böses Omen.

Im Bewusstsein des Bürgers ist eine Fabrik ein Ort voller Lärm, Schmutz und Rauch, industrielle Produktion eine schmierige Sache. Die Herstellung von etwas hat mit Materie zu tun, mit dem Chaos. Den Arbeiter selbst, diesem Bereich verwandt, stellt er sich als roh, finster und gewalttätig vor. Man tat deshalb gut daran, den Produktionsbereich vor den Augen des Käufers zu verbergen. Was er sehen durfte und sehen sollte, war allein das fertige Produkt, serviert auf dem silbernen Tablett der Warenästhetik.

Das soll nun anders werden, und VW marschiert hier an

Abb. 3: Die Gläserne Manufaktur im Großen Garten, Dresden, Außenansicht.

der Spitze des Fortschritts: In Dresden, in distinguierter Lage – ein Eckstück des Großen Gartens stand zur Verfügung – befindet sich die Gläserne Manufaktur. Dort entsteht der Phaeton vor den Augen potenzieller Käufer oder besser der Touristen und Freizeitler, denen die Synthese von Kultur und Industrie, die an diesem Ort zelebriert wird, einen Ausflug wert ist. Das Fließband auf Parkett, die Arbeiter im weißen Anzug und mit Handschuhen, lautlose Roboterwagen gleiten umher, die Teile zu bringen, aus denen der Phaeton zusammengebaut wird, Handarbeit. Im Kern des Gebäudes, der Promotionshalle, konnte die Semperoper, während die Produktion hinter den Glaswänden weiterlief, *Carmen* zur Aufführung bringen. In den Pausen und nach der Vorstellung – der Produktion wie der Oper – konnte man bei Wein und Nouvelle Cuisine im zweistöckigen Restaurant des Hauses den Blick auf die Dresdner Altstadt genießen.

Abb. 4: Die Gläserne Manufaktur in Dresden, Blick in die Endmontage.

Welch ein Fortschritt: die Zivilisierung der Produktion. Die Warenästhetik, bei Georg Simmel eine Angelegenheit der Vermarktung – »den Dingen über ihre Nützlichkeit hinaus noch eine verlockende Außenseite zu geben«[1] –, bei Wolfgang Fritz Haug eine Sache der Verpackung der Produkte, dringt in den Produktionsprozess ein. In Dresden soll der Käufer seinen Phaeton empfangen wie die meerschaumgeborene Venus: makellos im Ursprung.

Der Kunde wird's der Firma danken. Hergestellt wird der Phaeton in der Gläsernen Manufaktur allerdings eigentlich nicht. Nur montiert – kein Werkstück wird dort gefertigt. Das Laute, das Gewalttätige, das Schmierige findet anderswo statt. Am Bahnhof Dresden-Friedrichstadt, westlich der historischen Altstadt, liegt ein Logistikzentrum. Dort

1 Georg Simmel, »Berliner Gewerbeausstellung«, in: *Die Zeit* Nr. 95, Wien 25.07.1896.

Abb. 5: Die Gläserne Manufaktur in Dresden, Übergabe des Phaeton.

werden die Einzelteile aus aller Welt versammelt und dann im Triumphzug, sprich der blauen CarGoTram, zum Großen Garten gefahren. Auf dass im großen Fest der Phaeton entstehe.

II. Ästhetische Ökonomie

Der Begriff »Kulturindustrie« ist als Begriff kritischer Theorie gemeint. Doch fragt man sich, an welchem Vorgriff auf »vernünftige Zustände« sich die Kritik in diesem Falle bemisst. Welche Rolle hätte Kultur in einer versöhnten Gesellschaft? Es scheint, dass Horkheimer und Adorno hierin eher rückwärtsgewandt waren und einer gesellschaftlichen Lage nachtrauerten, in der Kultur ein Privileg der bürgerlichen Klasse war. Ihr mochte sie der Vorschein der Versöhnung sein. Kultur als Vorspiel des Reichs der Freiheit. Um mit Schiller zu sprechen: Der Mensch *»ist nur da ganz Mensch, wo er spielt«*.[2] Diese Kultur erregte das Ressentiment der vielen, der Arbeiterklasse, und wohlmeinende Intellektuelle wie Friedrich Albert Lange setzten deshalb alles daran, Goethe und Schiller auch den Arbeitern nahezubringen. Angesichts der Anfänge der Massenkultur – der Begriff, unter dem sie schließlich Anerkennung fand, ist »Popkultur« – regte sich das Ressentiment der wenigen, Horkheimer und Adorno unter ihnen. Kultur als Massenware! Kultur ein Produkt der Industrie – *dégoûtant*!

»Kulturindustrie« ist ein Verdikt des guten Geschmacks. Da hatte Benjamin schon vorher – im *Passagen-Werk* – weiter ausgegriffen: empirisch, indem er in der ästhetischen Erscheinung die Entwicklungstendenz des Kapitalismus selbst zu erfassen suchte, und begrifflich, indem er die charakteristische Industrie als *industries de plaisance* bezeichnete.[3] Benjamin war mit seiner Recherche der Welt der Passagen auf der Spur von Werner Sombarts These aus *Luxus und Kapitalismus*, der These nämlich, dass der Kapitalismus in der Produktion für Luxus und Verschwendung sein wahres Wesen herauskehre: nicht dem System der Bedürfnisse einzuordnen – wie Hegel und ihm folgend Marx noch wollten –, lebe der Kapitalismus vielmehr von der Entfaltung der Begierden.

Damit wandelt sich das Bild radikal: Das Verhältnis von Ästhetik und kapitalistischer Ökonomie ist nicht als Subsumption der Kultur unter die Maximen der Industrie zu be-

2 Friedrich Schiller, *Über die ästhetische Erziehung des Menschen*, Brief Nr. 15, Frankfurt/M.: Suhrkamp 2009, S. 64.

3 Walter Benjamin, »Paris, capitale du XIXème siècle«, in: ders., *Das Passagen-Werk*, in: *Gesammelte Schriften*, Bd. V 1, Frankfurt/M.: Suhrkamp 1991, S. 60.

greifen, es ist die Ästhetik, die in der Wirtschaft die Regie übernimmt. Benjamin studierte die Passagen als einen Traum des Kapitalismus: Wovon träumte er in der theatralen Inszenierung der Warenwelt, wenn nicht davon, dass sie zur Inszenierung der Welt selbst würde? Benjamin wollte das 19. Jahrhundert als Kindheit verstehen lernen, deren adulte Form er schon im Kunstwerkaufsatz als »Ästhetisierung der Politik« erfasst hatte. Welche Reife kündigte sich in der Kindheit der Warenästhetik an, wenn nicht die Ästhetisierung der Ökonomie selbst?

Durch die Laterna magica der Passagen sieht er die Ware tanzen im prächtigen Kleid, tanzen auf den Bühnen der Devanturen. In den Passagen waren sie schon, was sie werden sollten: Bestandteil der Bühne selbst, auf der das Leben spielt. Ihr Gebrauchswert schon dort, was er durch die Entfaltung des Kapitalismus sein würde: ihr ästhetischer Wert, ihr Wert in der Inszenierung, ihr Beitrag zur Ausstattung des Lebens, zu dessen Steigerung.

Passagen: Allegorien der ästhetischen Ökonomie, das *Passagen-Werk* ein Proömium des 20. Jahrhunderts.

III. Homepage und Personalakte

Dass man einen Anschluss haben muss, um dazuzugehören, ist in der technischen Zivilisation selbstverständlich. Das Internet schafft damit nichts grundsätzlich Neues, jede Gesellschaft konstituiert sich über Bedingungen der Zugehörigkeit und Modi der Ausgrenzung. Was wirklich neu ist: der Zwang zur Selbstpräsentation auf Homepages und die über Suchmaschinen auffindbaren *personal files*. Was zunächst wie ein Spiel aussieht und von den Jugendlichen auch als Spiel vorangetrieben wird, erweist sich langfristig und wenn man die Gesellschaft braucht – sei es ökonomisch, sei es kommunikativ –, als Zwang: Man muss eine Homepage haben. Die Homepage wird zum individuellen Firmenschild, zum Werbespot für die eigene Person. Bild und Sprüche, Links und Daten und vor allem das Layout entscheiden über die gesellschaftliche Präsenz im Medienzeitalter. Käuflich oder nicht, man geriert sich als Ware. Gewiss, es gehört zum gesellschaftlichen Leben, dass man auftreten und sich ein Ansehen geben muss. Doch die Homepage: Das ist Werbung, und die Warenästhetik erfasst die eigene Person.

Nichts war bedrohlicher für die Selbstdarstellung als die Personalakte – bisher. Ein Eintrag in der Personalakte konnte die schwerste Strafe sein und einen im weiteren beruflichen Leben so behindern, wie den Autofahrer ein Eintrag ins Register der Verkehrssünder. Das Recht auf Einblick in die eigene Akte, die Möglichkeit, rechtlich Löschungen zu erzwingen, war ein schwaches Palliativ gegenüber der Bedrohung des Lebens durch die Spur, die es in der Personalakte hinterließ. Ein Glück, dass nicht jedermann die Personalakte konsultieren konnte.

Diese im Rückblick human erscheinenden Zeiten sind vorbei. Wenn man heute überhaupt ein Mensch ist, der dazugehören will und der gesellschaftlich agiert, dann hinterlässt man Spuren im Netz, genauer in Dateien und Datenbanken, die man nicht kennt, die aber über Suchmaschinen im Prinzip jeder finden kann. Was sich dort ansammelt, entzieht sich dem eigenen Einfluss, entzieht sich auch der rechtlichen Intervention. Jeder Verriss, jeder Klatsch, jede Verleumdung, Fehldeutung, jede Zeitungsente verdichtet sich mit allen anderen Informationen zur objektiven Wahrheit über die betroffene Person.

Der Mensch sei das Ensemble der gesellschaftlichen Verhältnisse, hat Karl Marx einmal gesagt. Für uns gilt: Der Mensch ist ein Knoten im Netz. Da könnte man als Signifikat eines Tages versucht sein, seine Signifikanten abzuschütteln. Doch wie?

IV. IAA

Ja allerdings, hier erscheinen sie noch, die Waren im Glanz. Prätentiös wie eine Diva auf der Bühne, gravitätisch wie der Fürst auf dem Podest, ein Schmuckstück auf rotierendem Tablett oder gar von der Decke schwingend wie eine Zirkusprinzessin im Trapez: Autos auf der Internationalen Automobilausstellung in Frankfurt am Main. Doch als habe man schon die Langeweile der Besucher antizipiert, hat man hier ein Kammerorchester postiert, da eine Boygroup und dort tritt ein berühmter Chansonnier auf. In der Halle des Volkswagenkonzerns ist ein Gesamtkunstwerk zu bestaunen, ein Mix aus Wasserorgel, 3-D-Kino und *son et lumière*. Da erscheint zwischen Fontänen und Vulkanausbrüchen, zwischen Wüstensand und Urwald, tapfer und elegant der Golf. Das Beiprogramm wird zur eigentlichen Attraktion, die Waren in ihrer beleidigenden Perfektion und ihrem penetranten Glanz nimmt man in Kauf. Sie gehören auch dazu, und die Konzerne bemühen sich, sie als Bestandteile eines Festes zu lancieren.

Doch die Konkurrenz verdirbt's. Jeder Stand, jede Halle eine Welt für sich. Der Rundgang wird anstrengend. An Flanieren nicht zu denken. Da öffnet sich, als Dependance der Wolfsburger Autostadt annonciert, das Paradies. Unter riesigem Gazezelt: einfach – nichts. Weiße, Stille. Man sinkt in schwingende Liegen, halb träumend vernimmt man meditative Musik, an der Decke spielen farbige Blasen. Moderne Geishas huschen umher und reichen Getränke, exotische Snacks. Das ist Wellness. Jenseits des Autos, Freiheit vom Markt.

Jenseits des Autos? Oder liegt hier die Zukunft des Marktes? Zu diesem Thema der Gründungspräsident der sogenannten AutoUni des VW-Konzerns: »In Zukunft werden auch Bereiche wie Gesundheit und Medizin eine große Rolle spielen. Ein Hinweis darauf ist schon jetzt der Massagesitz, der in die Phaeton-Modelle eingebaut wurde.«[4]

V. No-brand, brand, superbrand, …

Es hat Zeiten gegeben, in denen der Kirchenbau die Front der Architekturentwicklung bestimmte. Seit Ende des 19. Jahrhunderts waren es Ausstellungshallen, Warenhäuser und Bahnhöfe. Heute sind es Museen, Konzerthallen, Opernhäuser, Stadien. Und das Neueste, Letzteren nicht unähnlich, sind die großen Marketingarchitekturen der Autoindustrie. Kein Wunder also, dass man den Architekten der Autostadt Wolfsburg, Gunter Henn, 2002 auf dem Evangelischen Kirchenbautag in Leipzig zum Vortrag bat. Und Henn, in dem Bewusstsein, dass Architektur ein Weltbild voraussetzt, bot den Kirchenleuten zunächst dieses: Die Grundunterscheidung, von der man auszugehen habe, sei die zwischen *no-brand* und *brand*. *No-brand*: so etwas wie Kartoffeln – man isst sie, um satt zu werden. Ähnlich Wasser und Milch: Man trinkt sie, weil man Durst hat. Das ist anders bei Whisky und Tabak: Da

4 Interview mit Prof. Walther Zimmerli, in: *mobil* 03/03, S. 47.

kommt's auf die Marke an. Anders inzwischen auch bei Kleidung. Natürlich muss man sich bedecken und wärmen, doch ein Tor, wer sich hier noch mit *no-brands* begnügt. Er wird ein Nobody sein. Man trägt also Boss, Joop, Chanel. Diese *brands* sind bereits keine Marken mehr, die für einzelne Warensparten stehen. Mögen sie ursprünglich den Hersteller von Herrenoberbekleidung oder Parfums bezeichnet haben, so organisieren sie heute ganze Warengruppen, ein Image, mit dem sich der Käufer identifizieren kann. Das entlastet ihn nicht nur von der Prüfung der Qualität, sondern auch von der Ausbildung eines eigenen Stils. Einen Schritt weiter, und es geht um Lebensformen. Nike: Das ist schon keine Frage des Geschmacks mehr, das ist eine Lebensführung: innovativ, sportiv, effektiv.

Die *brands* tendieren zu *superbrands*. Doch damit befinden wir uns bereits eine Stufe höher: *Superbrands* markieren die Aufgabe von internationalen Firmen und Global Players. Sie betreuen ganze Bereiche menschlichen Lebens, sie bezeichnen Sektoren der humanen Welt. Volkswagen, meint Henn, steht für Mobilität, Time Warner für Kommunikation. *Superbrands* sind universal. Sie umfassen die Mannigfaltigkeit der Stile und Lebensformen, sie fügen das Besondere wieder zum Allgemeinen, sie sind Synthese von Welt.

Endet hier die Geschichte? Schlimm wär's. Wo bliebe dann die Religion? Der gab Henn ihre Chance jenseits der *superbrands*. Und damit war die Botschaft klar. Worauf es ankommt, worauf es auch in der Kirchenarchitektur ankommt, ist Marketing. Ein Weltbild, eine Religion – das war es, was er den versammelten Theologen nachlegte – ist eine Marke. Christentum, Islam: *ultimate brands*. Man folgte ihm, und zwar gebannt.

Erst als er den Raum, in dem man den Kunden in Wolfsburg

oder in Dresden feierlich ihr neues Fahrzeug übergibt, als »Aussegnungshalle« bezeichnete, ging ein Zittern durch den Raum, die Aufmerksamkeit zerfiel. Zu Einwänden reichte es dennoch nicht.

VI. Die gefügige Ware

Das waren noch Zeiten, als in der Werbung die Ware als sie selbst erschien: Sorgfältig und liebevoll in feinster Federzeichnung strich der Anbieter um 1900 den Gebrauchswert der Ware und ihre Gediegenheit heraus. Die Präsentation der Ware im Stil archäologischer Funde. Dann kam die Zeit des Glanzes, die Hochzeit der Warenästhetik. In Zeiten wachsender Konkurrenz, gesättigter Märkte, musste die Ware bereits im Kauf und durch den Kauf einen Gebrauchswert haben. Wenn für den Kunstsammler der Wert eines Kunstwerks darin besteht, es erwerben zu können und es nach dem Kauf zu besitzen, so galt das verallgemeinert für alle Waren. Die Ware wurde zu Kunst, ihre Erscheinung auf dem Markt, in der Werbung: Design. Der Tauschwert gebar seine eigene Erscheinungsweise.

Die Ware verlor damit ihre Unschuld. Man konnte sie nicht länger an den Mann bringen, indem man schlicht ihre Nützlichkeit verkündete. Es reichte nicht mehr, nur ihre Käuflichkeit zu annoncieren. Sie musste vielmehr in prächtigem Kleid auftreten (Wolfgang Fritz Haug), sie musste ein Zeichen sein (Jean Baudrillard): Die Ware als Modell, die Ware als Design, die Ware als Statussymbol, die Waren als Kollektion. »Diese Objekte wollen begehrt werden. Glanz, Eleganz, Hülle und Präsentation sind Boten und Erfüllungsgehilfen dieser Hoffnung«, nämlich der Hoffnung auf »Sicherheit und Erreichbarkeit eines sozialen Status«, schreibt Max Hollein.[5]

Auch diese Zeiten sind vorbei: Der Glanz auf der Ware ist stumpf geworden. Jeff Koons' Hoover-Staubsauger *The New* sehen alt aus: Dokumente aus der Geschichte der Haushaltstechnologie, Relikte. Es folgt das nächste Kapitel der Warenästhetik: Die einzelne Ware, selbst das Modell tritt in der Werbung zurück. Keine Solos mehr, die Ware wird zum Bestandteil, zum Versatzstück von Szenen, zum Beitrag zu Atmosphären, zur Staffage von Episoden. Werbespots sind von Videoclips kaum zu unterscheiden, Bildanzeigen verraten erst im Kommentar, um welche Ware es geht.

Die Ware ist gefügig geworden. Man sollte meinen, sie habe sich zur Tugend der Unauffälligkeit bekehrt, die Heidegger dem Zeug in seiner Dienlichkeit attestierte. Ja, das ist es, die Moral der Geschicht: Das Überflüssige ist nützlich, es dient der Inszenierung von Leben. Kauft es!

VII. Passage, Mall, Center

Benjamin hat im *Passagen-Werk* eine Jugend studiert, den ahnungsvollen Aufbruch des modernen Kapitalismus. Den Passagen selbst gibt er darin keine Zukunft. Architektonisch sieht er sie abgelöst durch den Hangar, ökonomisch durch das Kaufhaus. Konsum als Gegenwart ist ihm Massenkonsum, der Luxus ist ausgestorben, und die Passagen dienen der Masse als Zuflucht bei Regen. Kurz, die Zukunft des Ka-

5 Max Hollein, »Der Glanz der Dinge«, in: ders. und Christoph Grunenberg (Hg.), *Shopping. 100 Jahre Kunst und Konsum*, Ostfildern-Ruit: Hatje Cantz Verlag 2002, S. 203.

pitalismus, die Benjamin durchaus als ästhetische Ökonomie ahnte, war für ihn keine Zukunft der Passage.

Inzwischen hat die Passage längst als Mall ihre Renaissance erlebt. Was in Europa überholt schien, kam aus Nordamerika als Innovation. Das hat zwar auch klimatische Gründe: Im schneesturmbedrohten Kanada hatte sich jene Inversion, die Verlegung der Straße nach innen, bereits verallgemeinert, die Benjamin in Paris noch als klassenspezifisches Futteral identifizierte: Downtown Montreal ist nichts als ein durch unterirdische Gänge vernetztes Ensemble von Malls. Deren Generalisierung jedoch hat ökonomische Gründe: Die Entwicklung des Kapitalismus hat jene Fiktion gewandelt, die den Horizont der Benjamin'schen Analysen abgab: die Idee der Masse. Der luxuriende Kapitalismus ermöglichte Luxus für jedermann. Was sage ich: *ermöglichte*? – erforderte! Die damit verbundene Individualisierung erzwang auch eine Individualisierung des Warenangebots. Die großen Kaufhäuser, lange Zeit im Geruch des Trivialen, des billigen Massenkonsums, haben sich in eine Vielzahl von Boutiquen aufgelöst, deren Reihung – unterbrochen von Bars, Restaurants, Cafés – durch die Gänge zu Straßen organisiert wird, nicht unähnlich den alten Passagen. So das KaDeWe in Berlin.

Die Mall hat sich derweil zur Stadt entwickelt. Außerhalb der alten Stadtzentren, in urbanen Randlagen, entstehen riesige Agglomerationen, die, wo immer sie sind, sich zum Center erklären. Sie sind es, Zentrum nicht einer Stadt, sondern ganzer Regionen. Die West Edmonton Mall im kanadischen Bundesstaat Alberta versammelt unter ihrem Dach nicht nur 800 Geschäfte, 110 Restaurants, Bistros und andere *eateries*, Diskotheken, eine Achterbahn, einen Vergnügungspark, sondern auch zwei Hotels und ein Bad mit Strand und Palmen, alles indoor versteht sich. Besucher kommen, sagt man, sogar aus New York für ein Shoppingwochenende. Das erste deutsche Beispiel dieser Art, das Centro Oberhausen, zieht immerhin auch Besucher aus Holland an. Gleicht es von oben gesehen einer Riesenschildkröte auf einem Feld von Parkplätzen, so grenzt es doch an einer Seite an ein Wasserareal an, mit Restaurants auf dem Kai und Bootsverkehr. Gleich daran anschließend, ein Vergnügungspark von der Art Disneyland und ein Amphitheater für Popkonzerte und Sportveranstaltungen. Der Flaneur Benjamins wäre hier freilich verloren, zu übersichtlich ist alles, clean und videoüberwacht. Kaufen wollte er, wie wir von Benjamin hören, ohnehin nicht. Und doch hat der moderne Konsument etwas von ihm geerbt. Der Besuch eines Shoppingcenters ist keine zweckrationale Handlung mehr, keine Erledigung einer Absicht. Er wird zum Ausflug, der Aufenthalt zu Entertainment und Shopping zum Lebensvollzug. Das also ist die Reife des Zeitalters, dessen Kindheit Benjamin in den Passagen studierte.

6. Flanieren in der Shoppingmall
Das Nordwestzentrum in Frankfurt

I. Paris, Hauptstadt des XIX. Jahrhunderts

Die Shoppingmalls unserer Tage sind späte Abkömmlinge der Passagen, wie sie ab 1822 in Paris entstanden. Es handelte sich um überdachte Straßen, in der Regel Querverbindungen zwischen den von Haussmann geschaffenen großen Boulevards. Sie waren im modernen Sinne Fußgängerzonen und dienten im Parterre sowie im ersten Stock – höher waren sie in der Regel nicht – dem Einzelhandel und der Gastronomie. Der Chronist der Pariser Passagen ist Walter Benjamin bzw., er hätte es sein können, wenn nicht sein großes *Passagen-Werk* Fragment geblieben wäre.[1] Gleichwohl hat er den mentalitäts- und kulturgeschichtlichen Blick auf die Passagen geprägt. Wirtschaftsgeschichtlich bringt Benjamin die Passagen mit der ersten Blüte des Kapitalismus in Verbindung und sieht in ihnen den Geburtsort des Flaneurs. Allerdings ist er sich auch bewusst, dass dessen Erscheinung keineswegs auf Paris beschränkt war. Insbesondere ist Edgar Allan Poes Erzählung »Der Mann in der Menge« zu erwähnen,[2] in der gewissermaßen ein Doppelportrait des Flaneurs gegeben wird – ein Mann,

1 Walter Benjamin, *Das Passagen-Werk*, in: ders., *Gesammelte Schriften*, Bd. V, Frankfurt/M.: Suhrkamp 1991, und ders., »Der Flaneur« (Teil II von *Charles Baudelaire. Ein Lyriker im Zeitalter des Hochkapitalismus*), in: ders., *Gesammelte Werke*, Bd. I.2, Frankfurt/M.: Suhrkamp 1991, S. 537-569.

2 Edgar Allan Poe: »Der Mann in der Menge«, in: ders., *Sämtliche Erzählungen*, Bd. 1, herausgegeben von Günter Gentsch, Frankfurt/M.: Insel 2008.

der ziellos durch die Stadt streift, und ein zweiter, der ihm folgt –, aus purem Interesse an seiner Erscheinung, wenngleich mit einem gewissen kriminalistischen Impetus. Benjamins historische Analysen sowie die daran anknüpfenden aktuellen Untersuchungen von Heinz Paetzold[3] und Zygmunt Bauman[4] arbeiten folgende Grundzüge des klassischen Flanierens heraus: Das wichtigste Merkmal ist, dass es sich bei den Flaneuren um Angehörige der *leisure class* handelt. Sie sind Menschen, die Zeit haben, die nicht zu arbeiten brauchen oder nur wenig und die in diesem Sinne nicht zur arbeitenden und konsumierenden Bevölkerung gehören, die sonst die Straßen füllt. Ihre Teilnahme am Leben ist distanziert, gleichwohl nicht uninteressiert und emotionslos. Es ist die Teilnahme theoretischer Neugier und ästhetischer Faszination. Benjamin sieht deshalb im Flaneur eine Verwandtschaft zum Journalisten und weist eine Beziehung des flanierenden Hinschauens zur belletristischen Mode der »Physiologie« – von Personen, von Tieren, von Gebäuden, von Straßen – nach. Wie bei dieser, ist der Blick des Flaneurs eine physiologische oder besser physiognomische Teilnahme, die weder durch politisches noch wirtschaftliches Interesse bestimmt ist. Paetzold nennt diese Teilnahme in Anschluss an Benjamin »entspannte Aufmerksamkeit«.[5] Sie ist quasi ein virtueller Kon-

3 Vgl. auch Heinz Paetzold, »Theorie der Erfahrung von Atmosphären offener städtischer Räume«, in: Christiane Heibach (Hg.), *Atmosphären. Dimensionen eines diffusen Phänomens*, Paderborn: Fink 2012, S. 229-248, sowie ders., »Phänomenologie der Kultur des Flanierens«, in: ders., *Integrale Stadtkultur*, Weimar: Verlag der Bauhaus-Universität 2006, S. 48-77.

4 Zygmunt Bauman, *Flaneure, Spieler und Touristen. Essays zu postmodernen Lebensformen*, Hamburg: Hamburger Edition 2007.

5 Paetzold, »Phänomenologie der Kultur des Flanierens«, s. Fn. 3.

sum. Der Flaneur kauft nicht; seine ästhetische Teilnahme ist nicht auf die Waren beschränkt, sondern umfasst die ganze Szenerie der Passagen, Architektur und Besucher eingeschlossen. Man könnte den Flaneur deshalb auch als den Prototyp des modernen Stadtmenschen ansehen, wie er ursprünglich von Georg Simmel beschrieben wurde und heute bei Zygmunt Bauman sozusagen eine postmoderne Auferstehung erlebt. Auf dieser Linie ist jedoch das Hauptcharakteristikum des Flaneurs sein Fremdsein, denn er ist ein Fremder unter Fremden. Georg Simmel hatte dieses Fremdsein des Flaneurs, nämlich dass er nicht traditional in eine Gemeinschaft integriert ist, als Basis moderner Individualität identifiziert, einer Freiheit von Beobachtung und Kontrolle, die die Erfahrung des Fremdseins zur Quelle der Lust werden lässt.[6] Natürlich ist dies eher die ethische Seite der Lebensform eines Flaneurs, während bei Benjamin die ästhetische im Vordergrund steht. Bemerkenswerterweise kann man diesen Aspekt am deutlichsten in den Romanen des Japaners Natsume Sōseki studieren, der freilich dank eines frühen Englandaufenthalts gegen Ende des 19. Jahrhunderts noch die Ausläufer des englischen Flaneur- und Dandytums erleben konnte. In seinem Roman *Ich der Kater* wird die Einheit von Fremdheit und ästhetischem Interesse gewissermaßen in Reinkultur dargestellt:[7] Ein Kater flaniert durch sein Viertel und gibt in seinen Erzählungen ein sozialkritisches Bild des japanischen Bürgertums um 1900.

Für das Flanieren ist ferner dessen Abkunft aus der Kultur des Spaziergangs, wie sie sich im 18. Jahrhundert von Rous-

6 Georg Simmel, »Die Großstädte und das Geistesleben«, in: ders., *Gesamtausgabe*, Bd. 7, Frankfurt/M.: Suhrkamp 1995 [1903].
7 Sōseki Natsume, *Ich der Kater*, Frankfurt/M.: Insel.

seau bis Schiller entwickelt hat, wichtig. Während im 18. Jahrhundert der Spaziergang der Weg des Städters nach »draußen«, d. h. ins »Freie« ist und die Natur ästhetisch entdeckt wird, ist der Flaneur der Erfinder des Stadtspaziergangs. Die Natur spielt im klassischen Flanieren praktisch keine Rolle mehr, und der Flaneur ist auch nicht »draußen«, vielmehr hält er sich an einem Ort auf, in dem selbst die »Straßen zum Interieur« werden, wie Benjamin feststellt. Auch der Flaneur fühlt sich frei, aber er findet die Freiheit nicht mehr im Draußen, sondern sozusagen im Drinnen, in der ästhetischen Reflexion des Ortes und der Verhältnisse, in denen und von denen der Flaneur lebt.

II. Die Demokratisierung des Flanierens

Charakteristisch für das Flanieren unserer Tage ist die Schichtunabhängigkeit der Flaneure: Sie können jeder Klasse und jedem Alter angehören. Insbesondere müssen sie nicht notwendig Mitglieder der *leisure class* sein. Ein Grund dafür ist die Entstehung der Freizeit infolge der Steigerung der Arbeitsproduktivität. Der moderne Flaneur ist nicht mehr der Rentier, der nicht zu arbeiten braucht, sondern der Durchschnittsbürger, der durch Ausweitung der Urlaubszeiten und der Arbeitszeitverkürzung in den Genuss von Freizeit gekommen ist. Ein zweiter Grund für die Entstehung des modernen Flaneurs, des flanierenden Jedermann, ist sicher auch der für andere Dimensionen von Norbert Elias beschriebene *Trickle-down*-Effekt:[8] Lebensformen der höheren Klasse wer-

8 Norbert Elias, *Über den Prozeß der Zivilisation*, Frankfurt/M.: Suhrkamp 1997.

den von den niederen nachgeahmt und transformiert, bis sie schließlich Bestandteil des Verhaltens der Gesamtbevölkerung werden.

Das postmoderne Flanieren ist deshalb auch keine umfassende Lebensform mehr, sondern vielmehr ein Freizeitverhalten, jedoch ein bestimmtes. Es tritt zum Fernsehen, zum allgemeinen Kulturkonsum, zu Urlaubsreisen, Sport und Jogging als eine besondere Form des Freizeitverhaltens hinzu. Das Bemerkenswerte dabei ist, dass der sozusagen ästhetische Genuss der Shoppingmalls, also der virtuelle Konsum des Marktes und der Warenwelt, überhaupt als besonderes und inzwischen habitualisiertes Freizeitverhalten auftritt. Man macht einen Ausflug in die Shoppingmall, man trifft sich in der Shoppingmall, man feiert in der Shoppingmall. Man besucht die Shoppingmall nicht, weil man dort zu tun hat oder etwas kaufen will bzw., wenn man etwas kauft, dann ist das Kaufen selbst der Konsum, nicht der spätere Gebrauch des Erworbenen. Insofern ist das Flanieren in der Shoppingmall ein charakteristisches Phänomen der ästhetischen Ökonomie.[9] Wenn hier der Tauschwert der Waren zum Gebrauchswert wird, wenn die Waren als bloße Statussymbole oder zur Ausstattung des Lebens dienen, nicht aber materiell konsumiert werden, dann entspricht dem der Genuss, der im Kaufen selbst sich erfüllt.

9 Siehe das Kapitel »Zur Kritik der ästhetischen Ökonomie« in diesem Buch.

III. Die Atmosphäre des Nordwestzentrums in Frankfurt am Main[10]

Das Nordwestzentrum in Frankfurt am Main ist ein riesiger Gebäudekomplex, der im Oval vom Erich-Ollenhauer-Ring zusammengehalten wird und auf ihm umfahren werden kann. Mehrere Fußgängerbrücken binden das Zentrum in den benachbarten Stadtteil ein. Heute fasst es mit 90 000 Quadratmetern Verkaufsfläche 150 Geschäfte, 27 Gastronomiebetriebe und 23 Ärzte. Außerdem gehören zu dem Komplex etwa 200 Wohneinheiten, ein Spa- und Wellnessbad (die Titus Thermen), das Courtyard Marriott Hotel und ferner öffentliche Einrichtungen wie die Stadtbücherei, das Bürgeramt, das Sozialrathaus, eine Sporthalle, das Nachbarschaftsbüro sowie eine Tagungsstätte. Es gibt 3500 Parkplätze, und außerdem ist das Nordwestzentrum vielfach mit dem städtischen Nahverkehrsnetz verbunden, und zwar durch zwei U-Bahn- und sechs Buslinien. Für die Architektur und Baugeschichte des Zentrums ist es wichtig zu erwähnen, dass es die Entwicklung vom ursprünglichen Plan 1965 bis zur Erweiterung 2004 der ökonomisch orientierten Moderne bis hin zur Postmoderne mitgemacht hat.[11] Seine ursprüngliche Konzeption durch das Büro ABB (Otto Apel, Hansgeorg Beckert und Gilbert Be-

10 Ich danke Herrn Georg-Hubertus Lackner von der Nordwestzentrum Verwaltungsgesellschaft und Herrn Prof. Wolfgang Christ von der Bauhaus-Universität Weimar für wertvolle Gespräche und Hinweise, die in den folgenden Abschnitt eingeflossen sind.

11 Siehe zu dieser Entwicklung: Wolfgang Christ (Hg.), *Shopping_Center_Stadt. Urbane Strategien für eine nachhaltige Entwicklung*, Gelsenkirchen: Europäisches Haus der Stadtkultur e.V. 2003. Sie wird auch bestätigt durch das Heft 01/2011 von *puls. Magazin für Bewegung in der Architektur*. Unter dem Titel »Shopping Mall im Wandel« werden dort neueste Projekte vorgestellt.

ckert) gehörte zum Bau der Frankfurter Nordweststadt, einer typischen Trabantenstadt der späten sechziger Jahre. Was dieses Einkaufszentrum von vielen anderen, die auf der »grünen Wiese« entstanden sind, unterscheidet, ist, dass es von Anfang an als ein Stadtzentrum für die neue Trabantenstadt geplant war. Diese Funktion erfüllt es auch heute noch durch die Kombination von Geschäften und Gastronomie mit kommunalmedizinischen Einrichtungen aufs Beste. Wie andere auf der »grünen Wiese« entstandene Shoppingmalls hat es einen Inselcharakter, d. h., weil es so gut mit dem Auto zu erreichen und zudem ins Nahverkehrsnetz integriert ist, kommen die meisten Besucher nicht aus der unmittelbaren Umgebung. Doch bedroht es nicht wie die nach der Wiedervereinigung vor allem im Osten Deutschlands entstandenen Shoppingcenter die Innenstadt, eine Gefahr, gegen die sich 1999 die Leipziger Erklärung der Architekten richtete und die schließlich zu dem deutschlandweiten Beschluss führte, keine weiteren Center auf der »grünen Wiese« zu genehmigen. Das Nordwestzentrum gehörte somit von vorneherein zum Typ der Innenstadt-Center, die sich in Deutschland sonst erst mit der Postmoderne aufgrund des genannten Beschlusses entwickelten. Charakteristisch für diesen Typ ist die 1985 in San Diego von Jon Jerde, dem weltweit führenden Shoppingcenter-Architekten, geschaffene Westfield Horton Plaza.[12] Jerde bezeichnete sie als *city village* und deutet mit diesem Titel nicht nur auf die Anregung hin, die er von norditalienischen Kleinstädten erhalten hat, sondern auch auf die Absicht, Einkaufszentren so zu konzipieren, dass sie nicht nur für den Zweck des Einkaufs funktional sind, sondern einen Ort darstellen, in dem sich kommunales Leben entfalten kann. Die postmoderne Architektur unter-

12 Christ (Hg.), *Shopping_Center_Stadt.*

scheidet sich in diesem Punkt von einer funktionsorientierten Moderne dadurch, dass es ihr um die Schaffung von Atmosphären geht, um Räume für Aufenthalt und Kommunikation, um markante Orte.

Um die Atmosphäre des Nordwestzentrums zu erfassen, habe ich folgende Methoden angewandt: vonseiten der Rezeptionsästhetik die Herstellung von Sound-Bildern (Fotos mit zugehörigen Tonaufnahmen des Ortes) und die Durchführung von Publikumsgesprächen; vonseiten der Produktionsästhetik Gespräche mit der Leitung des Zentrums, speziell mit Georg-Hubertus Lackner, einem der Geschäftsführer. Diese erwiesen sich als besonders fruchtbar, weil das Nordwestzentrum nach wie vor in der Hand eines einzigen Investors ist und es deshalb ein globales Marketingkonzept gibt, eine Organisation für Ausstellungen und Veranstaltungen und einen zentralen Ordnungsdienst. D. h., es gibt einen durchdachten Auftritt des Nordwestzentrums als Ganzem. Die Methode der Sound-Bilder dürfte eine Innovation darstellen, weil in der Regel Berichte über Produkte der Architektur und Städteplanung ausschließlich an der Optik orientiert sind.[13] Für die Fragen, wie man sich an einem Ort befindet, wie das dort stattfindende Leben »getönt« ist und was sich akustisch in den entsprechenden Gebäuden und an den beschriebenen Plätzen abspielt, ist der Sound jedoch außerordentlich wichtig. Er bestimmt gewissermaßen die Grundtönung des Lebensgefühls.

Für die Atmosphäre des Nordwestzentrums ist nun besonders die Helle und Weite charakteristisch. Die beiden Ladenstraßen wurden 1987 durch tonnenförmige Glasdächer überwölbt. Diese können bei gutem Wetter zum Teil geöffnet werden.

13 Aus naheliegenden Gründen musste in diesem Buch leider auf die Akustik verzichtet werden.

Abb. 6: Das Nordwestzentrum in Frankfurt/M.

Abb. 7: Das Nordwestzentrum in Frankfurt/M.,
ein *künstliches Paradies*.

Abb. 8: Das Nordwestzentrum in Frankfurt/M.,
Brunnen und Geräusche.

Aber auch sonst hat man an den Tischen der Cafés und Restaurants, die sich in die Gänge und Plätze hineinschieben, das Gefühl, »draußen« zu sitzen. Dazu tragen auch die schlanken, sich baumartig nach oben verzweigenden Träger des Daches bei, in erster Linie aber die großen Bäume, die im Innenraum wachsen, wie auch die Begrünung der Wände.

In diesem Zusammenhang muss zudem das Vogelgezwitscher erwähnt werden, gerade weil Vögel im Innenraum, von der Zentrumsleitung zwar geduldet, keinesfalls aber gewünscht sind. Orte, um sich zu treffen und zu verweilen, sind ferner die zahlreichen Brunnen. Sie tragen ganz wesentlich zur Sound-Kulisse des Zentrums bei und sind vor allem für Kinder ein beliebter Aufenthaltsort.

Was die Sound-Atmosphäre des Zentrums angeht, so gibt es natürlich eine Grundtonalität aus den zahlreichen menschlichen Lauten: Gespräche, Rufe, Kindergeschrei. Dabei ist für dieses Zentrum die Multikulturalität ganz besonders charakteristisch, die sich durch die unterschiedlichen Idiome dem Sound einschreibt, wie auch der vielfältige Anblick der Besucher. Und der Shoppingstroll wird akustisch zu einem Kaleidoskop im Stil der Popmusik. Es ist sehr auffällig, dass sich die einzelnen Boutiquen jeweils einem eigenen Musikstil verschrieben haben.

Diese Mannigfaltigkeit, die sich einem auf dem Weg durch die Geschäfte erschließt, wird aber aus den öffentlichen Räumen von der Geschäftsleitung ferngehalten. Straßenmusiker sind zwar nicht ausdrücklich verboten, werden aber, wenn sie auftreten, auf die Bühne der zentralen Halle komplimentiert, um dort zeitlich begrenzt und bezahlt ihr Programm darzubieten. Sonst ist der Sound in den Hallengängen und -plätzen durch die Grundtonalität menschlicher Geräusche, durch die heranschwappenden Gesprächsfetzen der Passanten in der Nähe, durch Kinder- und Vogelstimmen und schließlich durch das Plätschern und Rauschen der Brunnen bestimmt.

Das Nordwestzentrum in Frankfurt ist wie ein Ensemble von Passagen. Dabei erinnert es allerdings weniger an die Pariser Passagen, die – zumindest heute – einen eher engen und düsteren Eindruck machen, als vielmehr bspw. an die Galleria Vittorio Emanuele II. in Mailand. Aber anders als diese Passage ist das Nordwestzentrum kein Ort des Luxus oder auch nur des gehobenen Konsums. Die Geschäfte der Haute Couture, der internationalen Juweliere und Ausstatter wird man hier ebenso vergeblich suchen wie Nobelrestaurants. Geschäfte und Gastronomie entsprechen eher einem mittleren Konsumniveau.

Das liegt sicher daran, dass dieses Einkaufszentrum die Funktion eines Stadtzentrums für die Trabantenstadt Nordweststadt erfüllt. Dort wohnen nicht die Reichen, sondern vielmehr die Angehörigen der Erwerbsbevölkerung, der Anteil von Migranten ist überdurchschnittlich hoch. Aber gerade diese Bevölkerungsschichten sind es, die sich in ihrer Freizeit das Verhalten des Flaneurs angeeignet haben. Sie haben das Shoppingcenter zu ihrem *urban village* gemacht, zu einem Ort, an dem man entlastet seine Zeit verbringt, sich mit Freunden trifft, hörend und sehend am Leben teilnimmt – und gelegentlich auch mal etwas kauft.

7. Putz und Camouflage
Über Architektur und Fassadenästhetik

I. Architektur als Raumkunst

Ich werde in diesem Kapitel eine Tendenz in der Architektur beschreiben, die eigentlich meiner Grundauffassung vom Wesen der Architektur als Kunst widerspricht: Es geht um Architektur als Kunst der Oberflächengestaltung. Dagegen meine ich, dass Architektur Raumkunst ist, dass sie Räume gestaltet oder gar allererst schafft. Diese Auffassung dürfte von vielen Architekten geteilt werden, obgleich die Aufmerksamkeit in der Wahrnehmung von Produkten der Architektur eher auf Dinge, also die Gebäude gerichtet ist.[1] Das ist ganz natürlich und hat mit dem Handwerkszeug der Architektur, dem Arbeiten mit Zeichnungen, Modellen und schließlich der Präsentation der Werke der Architektur im Foto zu tun. Räume kann man nicht sehen, wohl aber die Körper, die Räume formieren und aufspannen. Das hat zur Folge, dass die Produkte der Architektur häufig als Körper verstanden werden und sich selber quasi als Großskulpturen präsentieren. Dabei wird übersehen, welche Art Räume die Gebäude im Innern schaffen und was sie dem Raum im Äußeren antun. Gleichwohl ist es Letzteres, was für die Erfahrung von Architektur entscheidend ist: Nämlich wie man sich in den von der Architektur geschaffenen Räumen befindet, welche Lebensform sie ermöglichen oder suggerieren, in welcher Art leibliche

1 Siehe meinen Aufsatz »Atmosphären als Gegenstand der Architektur«, in: Gernot Böhme, *Architektur und Atmosphäre*, München: Wilhelm Fink Verlag 2013 [2006], 2. korr. Aufl.

Abb. 9: Das Kultur- und Kongresszentrum, Luzern (KKL), Blick in Richtung Stadtzentrum.

Abb. 10: Das KKL, Blick über den Vierwaldstättersee auf die Berge.

Anwesenheit durch sie spürbar wird.[2] Damit wird auch deutlich, dass der Raum, von dem ich spreche, wenn ich sage, Architektur schaffe Räume, nicht der geometrische, der euklidische Raum ist, sondern vielmehr der leibliche Raum, d. h. der Raum von Orten, ein Raum, der nicht homogen ist und in dem es ausgezeichnete Richtungen gibt.

Dieses Schaffen von Räumen gehört seit je zur Architektur und wird von den Architekten mehr oder weniger bewusst intendiert. Ich möchte hier aber zwei Beispiele aus der jüngeren Vergangenheit anführen: erstens das KKL, das Kultur- und Kongresszentrum Luzern[3] und zweitens das Nordwestzentrum in Frankfurt am Main.

Das Kultur- und Kongresszentrum in Luzern ist als Baukörper schlicht und charakterlos und birgt im Innern nur funktional definierte Räume, die in ihrer Schachtelung keine Dynamik gewähren. Dagegen ist das weit auskragende Dach bemerkenswert; denn dieses Dach verbindet den städtischen Raum, die City der Stadt Luzern mit dem Vierwaldstättersee und den daran angrenzenden Zügen alpiner Berge. Es wird ein Raum luftigen Aufenthalts geschaffen und ein Ausblick auf die Landschaft. Das ist das Entscheidende: Dieses Gebäude ist etwas Besonderes nicht durch den Anblick, den es gewährt, sondern durch den Ausblick, den es ermöglicht.

Nun zum Nordwestzentrum in Frankfurt am Main. Dieses ist sicher eine Shoppingmall wie andere auch, wenngleich es sich schon durch seine Lage auszeichnet: Es ist kein Center auf der »grünen Wiese« oder in einem Gewerbegebiet, sondern bildet durch seine Lage ein kommunales Zentrum für

2 Siehe die Einleitung zu *Architektur und Atmosphäre*, München: Wilhelm Fink Verlag 2013 [2006], 2. korr. Aufl.

3 Architekt des 1998 eröffneten Baus war der Franzose Jean Nouvel.

eine ganze Satellitenstadt Frankfurts und ist trotzdem aufs Engste mit der City verbunden. Darüber lässt sich viel sagen.[4] Ich möchte hier nur für den Zusammenhang dieses Kapitels auf eines hinweisen, und zwar darauf, dass in diesem Center durch die architektonische Gestaltung der großen Passagen und Hallen Lebensräume geschaffen worden sind. Hier geht man nicht nur hin, um einzukaufen oder zu shoppen. Hier trifft man sich, hier flaniert man, hier feiert man miteinander. Dafür hat die Architektur Räume geschaffen durch die baumartigen tragenden Streben, die beweglichen Glasdächer, die breiten Passagen, durch Bäume und andere Begrünung, durch Brunnen und Vögel. Das alles erinnert eher an die künstlichen Paradiese des 19. Jahrhunderts,[5] also die botanischen Glashäuser, als an die Kaufhäuser des 20. Jahrhunderts.

Dass Architektur Räume leiblicher Anwesenheit schafft, impliziert natürlich auch eine Nähe zur Kunst des Bühnenbildes. Denn in der Erfahrung der Räume geht es letztlich um Atmosphären, also Räume mit Stimmung. Von hier ist der Weg nicht weit zur Architektur als Oberflächengestaltung, war doch die klassische Kunst des Bühnenbildes im Wesentlichen *skenographia*, also Bühnenmalerei. Dass die Architektur dazu verkümmern könnte, hat noch andere Gründe, auf die ich weiter unten zu sprechen kommen werde. An dieser Stelle aber zunächst eine Rechtfertigung aus dem Munde eines Klassikers der Architekturästhetik, den man nicht vergessen sollte. Ich meine Gottfried Semper. Semper hat in seinem mehrbändigen Werk zur Architekturästhetik mit dem Titel

4 Siehe das Kapitel »Flanieren in der Shoppingmall. Das Nordwestzentrum in Frankfurt« in diesem Buch.

5 Stefan Koppelmann, *Künstliche Paradiese. Gewächshäuser und Wintergärten des 19. Jahrhunderts*, Berlin: Ernst u. Sohn 1988.

Der Stil die Grundlagen dieser Ästhetik in der textilen Kunst gesehen.[6] Gegen die traditionelle Auffassung seiner Zeit behauptete er, dass nicht die Hütte, sei sie nun aus Stein oder Holz, das Grundparadigma der Architektur sei, sondern das Zelt. Damit stehen nicht die dinglichen Kräfte im Vordergrund wie Tragen und Lasten, sondern vielmehr Textur, Dekor und eben: Fläche. Rückblickend auf die griechische Architektur schrieb er: »[B]eides aber, Kunstform und Dekoration, sind in der griechischen Baukunst durch den Einfluss des Flächenbekleidungsprinzips so innig in Eins verbunden, dass ein gesondertes Anschauen beider bei ihr unmöglich ist.«[7] Das sollten wir nicht vergessen, wenn wir uns kritisch nun der Tendenz zur Fläche in der Gegenwartsarchitektur zuwenden; von hier aus ist es nur ein Schritt zur Maxime des *decorated shed.*

II. decorated shed

Ich will nicht bezweifeln, dass es auch weiterhin großartige Architektur des skulpturalen Typs gibt und dass weiterhin bewegende Innen- und Außenräume geschaffen werden. Freilich hat der Architekt Wirkungsmöglichkeiten in dieser Hinsicht fast nur bei ausgezeichneten, meist öffentlichen Projekten, al so Museen, Sportstadien, Kirchen, Bibliotheken, Bahnhöfen. Die Tendenz zur Oberflächenästhetik setzt sich eher in anderen, meist kommerziellen Bereichen durch. Das hat Grün-

6 Gottfried Semper, *Der Stil in den technischen und tektonischen Künsten oder Praktische Ästhetik*, München: Friedrich Bruckmann's Verlag 1860-63; jetzt in: ders., *Gesammelte Schriften*, Bd. 2, Hildesheim: Olms 2008, S. 227: »[I]mmer bleibt gewiss, dass die Anfänge des Baues mit den Anfängen der Textrin zusammenfallen«.
7 Ebd., S. 225.

de, die man ernst nehmen muss, Gründe einerseits in der Bautechnik und andererseits in der Ökonomie. Von der Bautechnik her sind Beton und Stahl heute die dominanten Grundmaterialien. D. h. aber, dass der Bau als solcher vom Bauingenieur übernommen wird, und man dann dem Architekten die äußere Gestaltung, also im Wesentlichen die Fassade überlässt.[8] Das hat auch Gründe in der Ökonomie. Nicht nur, dass Zweckbauten in der Perspektive einer Lebensdauer entworfen werden, die der Amortisation des investierten Kapitals entspricht, sondern auch, dass diese Zweckbauten für wechselnde Eigentümer und Zwecke errichtet werden. Ersteres bedeutet vor allem, dass die Fassade der Mode und dem Image der jeweiligen Firma entsprechend ausgewechselt werden kann. Für Letzteres hängt die Fassadenästhetik nicht nur mit der Ökonomie im Sinne von Kapitalverwertung, Profit- und Amortisationsrate zusammen, sondern speziell mit der Entwicklung des Kapitalismus zu einer *ästhetischen Ökonomie.*

In der ästhetischen Ökonomie dominiert der Tauschwert den Gebrauchswert. Es geht weniger um Gebrauch und Nutzen als vielmehr um Inszenierung: Die Warenästhetik wird zur gestaltenden Kraft von der Produktion über den Markt bis in den privaten Lebensbereich hinein. Für die Architektur heißt das, dass die Oberflächenästhetik der Gebäude zur Marketingfläche wird oder dass sie zumindest das Image des in dem betreffenden Gebäude agierenden Unternehmens inszeniert. Firmen wie Louis Vuitton oder Prada sind hier tonange-

8 Das kann dazu führen, dass Architektur geradezu als Fassadengestaltung definiert wird: »Architektur ist, was eine Fassade hat«, schreibt Julius Klaffke in seinem Beitrag »Bewohnte Fassaden. Kleid, Oberfläche, Raum«, in: Ulrike Wietzorrek (Hg.), *Wohnen+. Von Schwellen, Übergangsräumen und Transparenzen*, Basel: Birkhäuser 2014, S. 353.

bend, also ästhetische Trendsetter, und zwar nicht bloß für ihre Waren, sondern für die Szenerie und den Lebensstil, zu dem sie gehören.

Es soll nicht bestritten werden, dass in diesem Bereich gerade im Sinne einer anspruchsvollen Ästhetik großartige *Werke* entstanden sind. Gleichwohl muss daran erinnert werden, dass diese Entwicklung von den Propheten und Theoretikern der Postmoderne, für die die Moderne eine Wiederkehr des Dekors (Charles Jencks[9]) war, gefeiert wurde und unter der Maxime *Learning from Las Vegas* stand (Robert Venturi, Denise Scott Brown, Steven Izenour[10]). Der Ausdruck *decorated shed* stammt aus diesem Zusammenhang: Gebäude werden als Schuppen zweckrational gebaut und dann der Warenästhetik entsprechend dekoriert.

III. Klinker

Diese Dominanz der Warenästhetik, wie sie von Venturi, Scott Brown und Izenour beschrieben, ja propagiert wurde, mag ein Extrem sein. Sie ruht aber auf der allgemeineren Entwicklung von Architektur zur Oberflächengestaltung. Deshalb möchte ich sozusagen als Zwischenspiel hier auf ein sehr viel nüchterneres Thema eingehen, und zwar die Rolle von Klinker in der Gegenwartsarchitektur. Das ordnet unser Thema in eine allgemeinere Tendenz ein, wie sie für die ästhetische Ökonomie

9 Charles Jencks, *Die Sprache der postmodernen Architektur. Entstehung und Entwicklung einer alternativen Tradition*, Stuttgart: Deutsche Verlags-Anstalt 1988.

10 *Lernen von Las Vegas: Zur Ikonographie und Architektursymbolik der Geschäftsstadt*, Bauwelt Fundamente Band 53, Gütersloh: Bertelsmann 2003.

charakteristisch zu sein scheint, nämlich dass die Materialität von einem Gegenstand oder auch einem Gebäude in der Erfahrung nicht die Materie ist, aus dem dieser Gegenstand oder dieses Gebäude besteht, sondern vielmehr die Materialität seiner Oberfläche oder auch nur die Anmutung dieser Materialität bezeichnet.[11] Das Paradigma für diese Zusammenhänge war für mich die Spanplatte, also die Platte aus gepresstem Holz, der man durch ihre Beschichtung die Anmutung quasi beliebiger Materialqualität verleihen kann.

Klinker ist seit alters eines der wichtigsten Baumaterialien. Schon die Caracalla-Thermen in Rom wurden aus gewaltigen Klinkergemäuern errichtet. In Norddeutschland hat sich – wohl aus Mangel an Naturstein – ein eigenständiger Klinkerstil entwickelt, der als Backsteingotik bekannt ist. Zu denken ist an Kirchen und Rathäuser, vor allem in Lübeck und Stralsund. Aber auch in den nordischen Ländern sind bis ins 20. Jahrhundert hinein Kirchen und repräsentative Gebäude aus Klinker errichtet worden. Als herausragendes Beispiel nenne ich nur das Rathaus von Stockholm. Im 19. Jahrhundert wurde Klinker in Deutschland – vielleicht weil es preisgünstig, vor allem aber weil es sehr haltbar und pflegeleicht war – geradezu zum Standard staatlichen Baumaterials. Kasernen, Kirchen, Krankenhäuser, Schulen und Turnhallen: alles aus Klinker.

In England gab es eine ähnliche Entwicklung. Ich erinnere an diese Geschichte von Klinker als Baumaterial, weil sich in unserem Jahrhundert die Situation verändert hat. Wenn ein

11 Siehe meine Aufsätze »Der Glanz des Materials«, in: Gernot Böhme, *Atmosphäre. Essays zur neuen Ästhetik*, Frankfurt/M.: Suhrkamp 2013, 7. erweiterte u. überarbeitete Aufl., und: »Inszenierte Materialität«, in: *Daidalos* 56 (1995), S. 36-43.

Abb. 11 und 12: Die ehemalige Kaserne des Kadetten-Korps in Berlin-Lichterfelde.

Abb. 13 und 14: Die neue Universitäts- und Landesbibliothek in Darmstadt (Architekten: Bär, Stadelmann, Stöcker Architekten BDA, Nürnberg). Es handelt sich um eine Klinkerverblendung – also nicht um Riemchen.

Gebäude heute aus Klinker ist, so steht es unter Denkmalschutz. Dagegen sind die meisten jüngeren *Klinkergebäude* nicht aus Klinker, sondern sie sind vielmehr mit Klinker verblendet: Das Gebäude ist also aus Beton und hat dann zur Gestaltung der Fassade noch eine Klinkerverblendung erhalten. Die übliche Bauweise war und ist noch zum großen Teil die sogenannte Zweischalentechnik. Zwischen der eigentlich tragenden Mauer und der Klinkerwand ist ein Hohlraum von ca. zehn Zentimetern – zur Dämmung. Im Zuge der immer höheren Anforderungen an Wärmedämmung bevorzugt man heute jedoch Dämmplatten, und das hat eine weitere Entwicklung zur Folge: Zur Verblendung wird außen nicht mehr eine Klinkerwand errichtet. Vielmehr werden sogenannte »Riemchen« direkt auf die Dämmplatten aufgeklebt. Riemchen sind dünne Klinkerplatten von wenigen Millimetern Stärke, die nicht mehr vermauert zu werden brauchen, d. h., nicht mehr durch Spachtel miteinander zusammenhängen. Damit ist die Karriere des Klinkers vom Baumaterial zur Fassadenverblendung am Ende. Was heute wie ein Klinkerbau aussieht, wie bspw. die neue Bibliothek der Universität Darmstadt, ist nicht aus Klinker, sondern sieht nur so aus.

IV. Fassadenästhetik: gute und schlechte Beispiele

Die Geschichte des Klinkers führt uns anhand der sich wandelnden Rolle eines Baumaterials quasi paradigmatisch eine Grundtendenz der Architekturästhetik vor Augen. Diese Tendenz betrifft nicht die Architektur im Ganzen, und man darf keineswegs in den Fehler verfallen, sie als eine dekadente Entwicklung dieser Kunst zu bezeichnen. Zwar hat die Abkehr von der Raumgestaltung hin zur Fassadengestaltung die

Architektur in die Nähe der Bühnenbildnerei gebracht. Man könnte kritisch einwenden, das sei eine Entwicklung vom Sein zum Schein. Aber man muss doch zugleich feststellen, dass dies eine Entwicklung ist hin zum Benutzer, zum Publikum, zu einer menschenfreundlichen Umweltgestaltung und synästhetischen Ausstrahlung der Gebäude. Das wird vor allem deutlich, wenn man diese neuere – postmoderne – Entwicklung mit der Moderne vergleicht und ihrer ästhetischen Maxime *form follows function*. Das rein Funktionale, so modern und schick es ursprünglich wirkte, ist in der massenhaften Verbreitung des sogenannten internationalen Stils erkaltet, fremd, wenn nicht abstoßend geworden. Von daher gesehen, folgt die Hinwendung der Architektur zur Oberflächengestaltung einem humanistischen Impuls.

Zu kritisieren ist also nicht die Architektur als Oberflächenästhetik. Vielmehr sind hier wie überall Qualitätsunterschiede zu machen: Es gibt gute und schlechte Beispiele. Schlechte Oberflächenästhetik ist es, wenn durch Putz wertvolle architekturelle Strukturen »verkleistert« werden oder aber die Oberflächengestaltung täuschend den wahren Charakter eines Gebäudes verdeckt – daher mein kritischer Titel »Putz und Camouflage«.

Fürs Erste möchte ich eine Entwicklung nennen, die sich in Deutschland ab den siebziger Jahren durchsetzte. Diese Entwicklung ist vor allem durch eine Serie von Fernsehfilmen mit dem Titel *Heimat* dargestellt worden. Diese Serie bezog sich auf den Hunsrück, ein Mittelgebirge in Rheinland-Pfalz und dem Saarland mit vorwiegend ländlicher Bevölkerung. Dort haben viele Hausbesitzer damals ihre Häuser »modernisiert«, indem sie Fenster und Türen ausgetauscht und die Fachwerksstruktur ihres Hauses, die ländlich oder gar mittelalterlich wirkte, unter Putz verschwinden lassen. Die jüngsten Wärmedämmvorschriften im Bauwesen waren zu jener Zeit noch nicht wirksam, könnten aber heute eine Rückkehr zur alten Fachwerkästhetik verhindern. Darum ging es auch damals gar nicht, sondern darum, dass die so verputzten Häuser neu aussehen sollten oder genauer gesagt: mit einem Aussehen erstrahlen sollten, das nicht alterungsfähig ist und alle paar Jahre, allenfalls Jahrzehnte einen Neuanstrich verlangt. Man erkennt, dass dieser Übergang vom Fachwerk zum Putz nicht nur einen Übergang von der Architekturästhetik, die in der Struktur des Bauwerks liegt, hin zur Oberfläche impliziert, sondern eben auch einen Übergang vom Wabi-sabi zur Schönheit des Glanzes und der Makellosigkeit. Während das Fachwerk seine Schönheit auch in seinem Alter entfalten kann, ist für das verputzte Gebäude Alter nur Schmutz und Verfall.

Ein weiteres Beispiel kritisierbarer Architektur als Fassadenästhetik nenne ich »Camouflage«. Dieser Ausdruck, der aus dem militärischen Bereich stammt und ursprünglich so viel wie »Verdeckung« und »täuschendes Aussehen« bezeichnet, wird hier übertragen auf eine Architektur, bei der das Aussehen eines Gebäudes im krassen Gegensatz zu seiner inneren Struktur und Funktion steht. Mein Hauptbeispiel ist das neue-alte herzogliche Schloss in Braunschweig. Dieses war durch die Bombardements während des Zweiten Weltkrieges so sehr beschädigt, dass sich die Stadt nicht zu einem Wiederaufbau entschließen konnte, die Trümmer gesprengt und abgeräumt hatte. Anstelle des Schlosses, das einen ziemlichen Umfang hatte, entstand ein innerstädtischer Park. Mit dieser Situation haben sich altbraunschweigische Bürger und Geschäftsleute auf Dauer nicht zufriedengegeben. Sie wollten vielmehr – obgleich ja Braunschweig schon seit Ende des Ersten Weltkrieges kein Herzogtum mehr war – ihr »altes« Schloss wiederhaben. Diese revisionistische Initiative hatte, zumal hinter ihr potente Braunschweiger Geschäftsleute standen, schließlich Erfolg. Das Schloss wurde im Herzen Braunschweigs nach alten Plänen und unter Verwendung von Mauerblöcken aus dem Schuttberg als Spolien wieder errichtet. Nur – weil es eine bürgerliche Initiative war – musste sich dieses Unternehmen auch »rechnen«. Das ganze Gebäude musste also kommerziell und profitabel nutzbar sein. Das Ergebnis: Ohne Zweifel ist es heute für das Stadtbild von Braunschweig ein Gewinn. Nur, wenn man es durch den Haupteingang betritt, ist man sogleich unmittelbar in einer Shoppingmall, so trivial, funktional und nichtssagend, wie sie nur sein kann. Hinzu kommt, dass das Schlossgebäude durch eine raffinierte Fortsetzung nach hinten, die von vorne nicht sichtbar ist, in ein Parkhaus übergeht. Was also auf den ersten, besonders auf den nächtlichen Blick hin sich als ein Zeugnis höfischen Lebens gibt, erweist sich auf den zweiten als eine Manifestation der Konsumgesellschaft. Die Braunschweiger mögen damit leben, für den Besucher, der an Architekturgeschichte interessiert ist: ein Beispiel schlechten Geschmacks.

Ich gehe zu einem verwandten Beispiel über, das nach meiner Auffassung aber gerade für Fassadenästhetik als gute architektonische Lösung anzuführen ist. Ich meine die Bewahrung von alten Fassaden, insbesondere des 19. Jahrhunderts in Citys, die sich aufgrund der Konzentration und der Grundstückspreise zu Hochhausarealen entwickelt haben. Diese Form von Integration alter Fassaden in neue Gebäude findet sich überall in der Welt. Meine Beispiele stammen aus der City von Sydney, Australien. Diese City wird heute im Wesentlichen durch Hochhäuser von 15 bis 30 oder auch 40 Stockwerken geprägt. D. h. aber nicht, dass man sich heute dort als Fußgänger so verloren und öde empfindet, wie das bspw. in Chicago der Fall ist. In Sydney kommt hinzu, dass man die

Abb. 15 und 16: Das neu errichtete herzogliche Schloss in Braunschweig.

Abb. 17 und 18: Straßenanblicke aus Sydney/Australien.

Straßenbäume, die bis in den dritten und vierten Stock hinaufreichen, hat stehenlassen. Außerdem gibt es Straßencafés, die sich dem warmen Klima entsprechend auf die Trottoirs erstrecken. Auf diese Weise hat man trotz der radikalen Modernisierung durch Bürogebäude, Banken, Hotels und Wohnsilos es erreicht, dass in den Straßen der Innenstadt noch ein urbanes Leben möglich ist, wie man das aus den alteuropäischen Städten kennt.

Mein letztes Beispiel ist wiederum ein positives, ein Beispiel für das Gelingen von Architektur als Fassadenästhetik. Dieses Gebäude ist zusätzlich durch seine Autoren geadelt. Es handelt sich um die Bibliothek der Hochschule für nachhaltige Entwicklung in Eberswalde, gebaut vom Büro Herzog & de Meuron. Ich habe dieses zusätzliche Beispiel gewählt, weil es wie kaum ein anderes den Begriff des *decorated shed* erfüllt. Dieses Gebäude ist strukturell nichts anderes als ein großer Schuhkarton mit keinerlei Gliederung der Bauform. Die Wände sind aus Beton bzw. Glas. Auf die Platten, die man verwendet hat, sind großflächig Bilder geätzt mit Motiven, die von dem Fotografen Thomas Ruff ausgewählt wurden. Sie scheinen auf Inhalte zu verweisen, die man in den Medien in der Bibliothek finden kann. Diesen inhaltlichen Bezug muss man betonen, weil es dafür auch Gegenbeispiele gibt. So denke ich etwa an das Einkaufszentrum, das heute den Abschluss des Gauforums in Weimar bildet. Die an sich kahle Rückseite dieses Einkaufszentrums wird ständig mit Projektionen bedeutender klassischer Gemälde bespielt, so bspw. mit Leonardos *Dame mit dem Hermelin*. Diese Art von Fassadenästhetik, die man nur »Fassadenaufwertung« nennen kann, hat überhaupt nichts mit dem Inhalt und dem Leben des Gebäudes, nämlich dem Einkaufszentrum zu tun. Und genau das ist anders bei der Bibliothek von Herzog & de Meuron in Eberswalde.

War die These Charles Jencks' von der Wiederkehr des Dekors, mit der er die Postmoderne einläutete, zunächst mehr nur durch einen Überdruss und eine Ermüdung an der Ästhetik der Moderne, *form follows function*, motiviert, so hat dem später Richard Sennett[12] die erneute Zuwendung der Architekten zur Benutzerperspektive hinzugefügt. Durch das Buch *Learning from Las Vegas* mit seinen radikalen Thesen wurde die ganze Entwicklung mit der Entwicklung der Ökonomie, mit dem Stand des Kapitalismus in Verbindung gebracht. Ich habe diese Entwicklung unter den Titel der *ästhetischen Ökonomie* gestellt. »Ästhetische Ökonomie« bedeutet, dass der Inszenierungswert der Waren zum neuen Gebrauchswert aufsteigt: dass der Wert von Waren im Gebrauchszusammenhang weitgehend darin besteht, eine Person, einen Lifestyle, eine Gruppen- und Schichtzugehörigkeit zu inszenieren. Von daher entwickelt sich eine ungeheure Ausbreitung von Inszenierungsstrategien, die ursprünglich in den Bereich der Warenästhetik gehörten. Von der Produktion über den Markt bis hin zur Gebrauchssphäre wird das Leben »designed«. Diese Entwicklung hat mit Beginn etwa der siebziger Jahre auch die Architektur erfasst. In diesem Bereich kommt hinzu, dass durch das Vorherrschen von Beton- und Stahlkonstruktionen in der Arbeitsteilung zwischen Bauingenieur und Architekt den Architekten immer mehr die Gestaltung der Oberflächen der Gebäude zufällt. In summa: Architektur wird zunehmend zur Fassadenästhetik. Sie gestaltet den *Auftritt* von Gebäuden und dient damit dem Marketing von Firmen und Un-

12 Richard Sennett, *Fleisch und Stein. Der Körper und die Stadt in der westlichen Zivilisation*, Berlin: Berlin Verlag 1995.

ternehmen einerseits und dem Image von Institutionen andererseits. Schließlich wird, wo immer so etwas wie Stadtplanung geschieht, durch das Aussehen von Gebäuden die Atmosphäre urbanen Lebens mitgestaltet. Das ist im Prinzip nicht neu, nur dass heute die Fassadenästhetik strategisch für diesen Zweck eingesetzt wird.

Drucknachweise

- »Zur Kritik der ästhetischen Ökonomie«, in: *Zeitschrift für kritische Theorie* 12/2001, S. 69-82. (Eine englische Übersetzung erschien unter dem Titel »Contribution to the critique of aesthetic economy« in: *Thesis Eleven* 73, Mai 2003, S. 71-82.)
- »Kritik des Wachstums«, in: Gernot Böhme (Hg.), *Alternative Wirtschaftsformen*, Bielefeld: Aisthesis Verlag 2012, S. 19-28.
- »Das Leistungsprinzip und das Reich der Freiheit«, in: Gernot Böhme (Hg.), *Kritik der Leistungsgesellschaft*, Bielefeld und Basel: Edition Sirius im Aisthesis Verlag 2010, S. 13-22.
- »Der Geschmack des Gewöhnlichen. Über Distinktionsschicksale im Zeitalter der ästhetischen Ökonomie«, in: Georg Kohler und Stefan Müller-Doohm (Hg.), *Wozu Adorno? Beiträge zur Kritik und zum Fortbestand einer Schlüsseltheorie des 20. Jahrhunderts*, Weilerswist: Velbrück 2008, S. 235-251.
- »Fortschritte der Warenästhetik. Passagen an den Rändern der Kulturwissenschaft«, in: Natascha Adamowsky und Peter Matussek (Hg.), *Auslassungen. Leerstellen als Movens der Kulturwissenschaft*, Würzburg: Königshausen & Neumann 2004, S. 31-38.
- »Flanieren in der Shoppingmall: Das Nordwestzentrum in Frankfurt«, in: Christiane Heibach (Hg.), *Atmosphären. Dimensionen eines diffusen Phänomens*, München: Fink 2012, S. 249-258.

Bildnachweise

Bis auf die Abbildungen 1 und 2 sind alle Abbildungen Fotos des Autors. Abbildung 1 ist Derek de Solla Price' Buch *Science Since Babylon*, New Haven/London: Yale University Press 1975 [1961], erweiterte Ausgabe, S. 185, entnommen. Abbildung 2 stammt aus Dennis Meadows, Donella Meadows, Erich Zahn, Peter Milling, *Die Grenzen des Wachstums. Bericht des Club of Rome zur Lage der Menschheit*, Reinbek: Rowohlt 1973, S. 40.

Register

Fett gedruckte Seitenzahlen beziehen sich auf Literaturverweise in den Fußnoten.

Adorno, Theodor W. 25, 27, 29-32, 41-45, 72, 78-80, 83-101, 108f.
Apel, Otto 124
Aristoteles 16
Audring, Gerd **16**
Barck, Karlheinz **90**
Barthes, Roland **90**, 97
Bataille, Georges 9, 33, 38, 40, 44f., 100
Baudrillard, Jean 9, 31, 34-37, 42, 45, 88, 99, 115
Bauman, Zygmunt 120f.
Baumgarten, Alexander Gottlieb 79
Beckert, Gilbert 124f.
Beckert, Hansgeorg 124
Benjamin, Walter 29f., 72, 84f., 97f., 109f., 116-118, 119-122
Benn, Gottfried 77f.
Böhme, Gernot **20, 21, 39, 45, 81, 133, 140**
Bourdieu, Pierre 37, 42f., 82, 101f.
Burke, Edmund 80
Castoriadis, Cornelius 45
Christ, Wolfgang **124, 125**
Elias, Norbert 102, 122
Engels, Friedrich 69
Erhard, Ludwig 57
Foucault, Michel 18
Freud, Sigmund 40, 64
Galbraith, John Kenneth 68, 73
Garve, Christian 97
Gentsch, Günter **119**
Gogh, Vincent van 96
Goethe, Johann Wolfgang von **20**, 109
Grunenberg, Christoph **116**
Hauff, Volker **55**
Haug, Wolfgang Fritz 31-37, 39, 44, 89, 99f., 107, 115
Hegel, Georg Wilhelm Friedrich 10, 76, 79, 81-83, 92, 95, 100, 109
Heibach, Christiane **120**
Henn, Gunter 113-115
Hetzel, Andreas **38**
Hollein, Max 116

Horkheimer, Max 25, 29-32, 41-45, 59, 85, 97f., 108f.
Izenour, Steven 139
Jencks, Charles 139, 150
Jerde, Jon 125
Kant, Immanuel 68, 70, 79-82, 101
Klaffke, Julius **138**
Klages, Ludwig 33
Köhler, Horst 58
Koons, Jeff 116
Koppelmann, Stefan **136**
Lackner, Georg-Hubertus 124, 126
Lange, Friedrich Albert 109
Leonardo da Vinci 149
Lessing, Gotthold Ephraim 80
Lieber, Hans-Joachim **59**
Liebig, Justus von 47f., 52
Malinowski, Bronisław 35
Marcuse, Herbert 21, 40f., 44f., 63-76
Marx, Karl 7-12, 27f., 59f., 69f., 73, 74 Fn., 100, 109, 112
Meadows, Dennis L. 50, 54, 55
Meadows, Donella 50, 54, 55
Mendelssohn, Moses 80
Milling, Peter **50f.**
Nouvel, Jean 135
Paetzold, Heinz 120
Parsons, Talcott 66
Piketty, Thomas 7f., 16
Platon 90f.
Poe, Edgar Allan 119
Randers, Jörgen **54**
Rimbaud, Arthur 90
Rousseau, Jean-Jacques 121f.
Ruff, Thomas 149
Schiller, Friedrich 41, 69f., 108f., 122
Schmid Noerr, Gunzelin **91**
Schulz, Gerhard 37
Schumpeter, Joseph 38, 100
Scott Brown, Denise 139
Shaftesbury, Earl of 80
Semper, Gottfried 136, **137**
Sennett, Richard 150
Simmel, Georg 97, 107, 121
Solla Price, Derek de 48f.
Sombart, Werner 9, 28, 37-39, 109
Sōseki, Natsume 121
Taylor, Frederick Winslow 67
Veblen, Thorstein 9, 28, 35, 37-39, 100
Venturi, Robert 139

Weber, Max 40, 75
Wellershoff, Dieter 77
Wex, Thomas 38
Wichens, Peter 38
Wietzorrek, Ulrike 138
Xenophon 16
Zahn, Erich 50f.
Zimmerli, Walther 113